丛书编委会

总　策　划：来新国　王文成

编委会主任：郭齐勇　周晓亮

编　　　委：来新国　陈知涯　张　彧　尹格韬　沈　众

王文成　孟淑贤　周长志　罗养毅　秦　丹

乌　琛

大家精要

神秀

曾晓红 著

陕西师范大学出版总社

图书代号 SK16N1027

图书在版编目(CIP)数据

神秀 / 曾晓红著. —西安:陕西师范大学出版总社
有限公司,2017.1(2024.1重印)
(大家精要)
ISBN 978-7-5613-8718-4

Ⅰ.①神… Ⅱ.①曾… Ⅲ.①神秀(约606—706)—
传记 Ⅳ.①B949.92

中国版本图书馆CIP数据核字(2016)第271393号

神 秀　SHENXIU

曾晓红　著

责任编辑　郑若萍　陈柳冬雪
责任校对　舒　敏
特约编辑　杨　琳
封面设计　张潇伊
出版发行　陕西师范大学出版总社
　　　　　(西安市长安南路199号　邮编 710062)
网　　址　http://www.snupg.com
印　　制　永清县晔盛亚胶印有限公司
开　　本　650 mm×930 mm　1/16
印　　张　10
字　　数　100千
版　　次　2017年1月第1版
印　　次　2024年1月第2次印刷
书　　号　ISBN 978-7-5613-8718-4
定　　价　45.00元

目　录

第1章

慕法多曲折

一、年少结佛缘

隋大业元年（605），陈留尉氏（一作汴州尉氏，均在今河南开封地区）一户普通的李姓人家，随着一声清脆的婴儿的啼哭声，一个男婴呱呱坠地。极大的欢乐笼罩着这个普通的院落，在忙忙碌碌、进进出出的人群中，谁也没有料到，这个眉清目秀的孩子日后将成长为名震京都的一代高僧，并成为北宗禅的一代教主，他就是神秀。

神秀，唐代高僧，禅宗五祖弘忍的弟子，北宗禅创始人。神秀之名，据说乃五祖所赐，意为"神姿秀慧"。关于神秀，人们最耳熟能详的是他的一首禅偈："身是菩提树，心如明镜台。时时勤拂拭，莫使惹尘埃。"关于此偈的真假及历史疑谜问题将在后章详解，而翻检有关神秀生平的记载，我们发现大多较为简略，尤其对其童年和少年时代着墨较少，见载的文献主要有唐宋之问《为洛下诸僧请法事迎秀禅师表》、唐张说《荆州玉泉寺大通禅师碑铭》、唐杜胐《传法宝纪》、唐净觉《楞伽师资记》、后晋刘昫《旧唐书·神秀传》、宋李昉

《太平广记·秀禅师》、宋赞宁《宋高僧传·神秀传》、宋道原《景德传灯录·神秀传》等。此外，20世纪面世的敦煌遗书中也发现了大量早期的禅宗文献，这些文献散落世界各地，其中，又以斯坦因劫走并入藏英国国家图书馆（以S.编号）和伯希和劫走并入藏法国国家图书馆（以P.编号）的文献为要。钩稽这些史料，我们可以大致还原出神秀青少年时代的成长历程。

神秀自幼聪慧过人，勤敏好学，博学多才。据载其从小即广泛涉猎儒学经典，其传记中有"少亲儒业，博综多闻"的记载。他不耽好小技艺，具有良好的道德品性，且显现出悲天悯人、心系百姓的胸怀。时值隋末唐初，河南的王世充起兵作乱，河南、山东地区发生饥荒，瘟疫横行，百姓流离，饿殍遍野，十三岁的少年神秀亲历战乱的洗礼，深受触动，即为百姓的安危挺身而出，前赴荥阳义仓，为众人筹集粮食。据相关文献记载，在这之后不久，神秀遇一善知识（泛指高僧），即出家为僧，与佛教始结因缘，并从此四处游方参学。

年少的神秀因何出家？具体原因不得而知，文献也没有记载。但我们可以想象，与佛陀释迦牟尼出游四门，苦思生老病死之无常，最终觉悟人生苦、集、灭、道的四重真理，获得解脱成佛的经历相似，战争的残酷、人生的无常、生命的脆弱，让一向奉"修身、齐家、治国、平天下"的儒学思想为救世圭臬的少年神秀突然发现，以救度众生为己任的大乘佛教为自己展开了另一个奇妙的精神世界，这段经历也就成为他试图通过佛教救度众生并决然出家为僧的最大因缘。

二、游方参禅学

在大乘佛教展开的救世理论中，神秀仿佛一只钻进花丛中采蜜的蜜蜂，开始了孜孜以求的勤修苦练，并四处访求名师，游方参学，沟通交游。早年即博览经史、博学多闻的知识底蕴使神秀的求法进程更加如鱼得水。据张说《荆州玉泉寺大通禅师碑铭》记载，神秀："少为诸生，游问江表，老庄玄旨，《书》《易》大义，三乘经论，《四分律》仪，说通训诂，音参吴晋。烂乎如袭孔翠，玲然如振金玉。既而独鉴潜发，多闻旁施。"

唐杜朏《传法宝纪》亦载神秀："遇善知识出家，便游东吴，转至闽，游罗浮、东、蒙、台、庐诸名山，嘉遁无不毕造。学究精博，采《易》道，味黄老及诸经传。自三古微赜，靡不洞习。"

由以上引文可知，出家后的神秀为求得佛法，参悟佛理，曾四处游历参访，其足迹遍及今浙江、江西、福建、广东等我国东南部地区，长江中下游等地的各名山圣地几乎都留下了他访师问道的身影。而神秀的"寻师慕道"并不只专注于佛学义理的探讨，凡老庄玄学，《尚书》《易经》等儒学义理，三乘经论、《四分律》等戒律，以及训诂、音韵等诸三教的学问，都被悉数纳入他的修习范围，也正因为儒、释、道等各方面学养的综合培养和全面熏陶，使神秀成为一位内外兼修、博综多闻、精通儒释道、圆融各家之学的学问僧。而神秀博采众长、洞彻修习，博通内典、外典，综精入世、出世间学问的素质，也使他具备了日后成为一代教主的才学，为他创教北宗禅打下了坚实的基础。

唐武德八年（625），二十岁的神秀在洛阳天宫寺受具足戒，正式成为比丘，继而"锐志律仪，渐修守慧"，专志于戒律的持受，也逐渐修学"定""慧"两增上学。而这时的神秀，已经成长为一个"身长八尺，秀眉大耳，应王伯之象，合圣贤之度"的翩翩青年。

三、求法东山门

佛禅巡礼

在经年游历名山大川、访师慕道的过程中，神秀在佛学义理上的修为日渐深厚，然而，他在佛学理论及实践方面获得突飞猛进的长足进步，则在拜蕲州双峰山（一名破头山，今湖北黄梅地区）东山寺弘忍为师之后。在了解神秀这段经历前，不妨对其所处时代的佛教发展背景及禅宗的发展概况作一次巡礼。

源于印度的佛教，自两汉时期传入中国，便开始了佛教中国化的进程。这一进程中，佛教与中国传统文化不断进行矛盾斗争，继而融摄协调、相互影响、相互适应，直至深深扎根于中国人的思维深处，被包容、改造成中国传统文化的有机组成部分，成为地地道道的中国式佛教。而这一过程，自两汉至唐武宗"会昌废佛"，大约经历了初传时期、迅猛发展时期和宗派分立三个时期。

佛教的初传期，大体始于两汉之际，终于4世纪末。这一时期的佛教在强大的中国传统文化面前尚处稚嫩，处在附庸地位，还需要通过依附黄老之学或攀缘玄学以求立足。随着大量佛教典籍源源不断地被译为中文，上至达官贵人，下至民间知识分子，从京都到长江中下游各地，佛教的信徒层面大大扩展，传播地域日益扩大。

以东晋时期鸠摩罗什抵达长安并开创关河学派为契机，佛教在中国进入迅猛发展时期。这一时期，印度佛教的各种学说源源不断地传入中国，为中国人所学习、理解，从而形成了各种学派，同时印度佛教的各种教团仪轨也开始被普遍接受。中国传统文化在极力将佛教纳入自己的体系的同时，也开始出现了各种排佛论调。为调和两者间的矛盾，佛教理论的创新也逐步展开。至南北朝末期，流行于中国南北两地的各家师说逐渐调和，佛教义理大大深化，佛教产生了强烈的独立意识，开始酝酿成学派的结构。随着提倡某一学说的人定居一地，设立门庭，传授学徒，佛教宗派俨然成立，南方有慧远及其庐山教团，北方则出现了研习鸠摩罗什《中论》《百论》《十二门论》的"三论学派"，研习《成实论》的"成实学派"，研习《大般涅槃经》的"涅槃学派"，此外还有"毗昙学派""地论学派""摄论学派""俱舍学派"等。诸学派理论的争鸣、学风的差异，使佛教界出现了前所未有的繁荣，佛典的传译与讲习蔚然成风，佛教成为中国社会中与儒、道两家鼎足而三的独立的力量，开始在更高的层次上与中国传统文化进一步融合。

自南北朝晚期始，南北佛教已经出现了融合的趋势，这种趋势随着隋朝的统一得到进一步加强，隋、唐王朝的统治者自觉且成熟地推行儒、释、道三教合一的政策，使佛教在数百年与中国传统文化的摩擦、濡化和融合中，终于找到了自己的位置，融合各家学说的佛教思潮开始崭露头角，中国式佛教宗派如雨后春笋般出现，这一时期至唐武宗"会昌废佛"，被称为佛教宗派分立时期。中国人自己创宗立说，如最早在南北朝晚期由智𫖮创立的天台宗，隋朝产生的三论宗、三阶教，唐代出现的法相宗、律宗、华严宗、禅宗、密宗、净土宗等，以一定的佛教学说为理论，以一定的寺院经济为依托，以较为严格且相对稳定的佛教僧团为组织，成为佛教中国化的重要标志之一。神秀到双峰山谒见弘忍、拜师求法之时，正处于这一阶段宗派大兴、高僧辈出的初唐时期。

初唐的佛教，延续隋朝以来的发展，宗派林立，繁荣兴盛，各派高僧人才辈出，灿若明星。三论宗嘉祥吉藏（549～623），天台宗章安灌顶（561～631）、天宫慧威（634～713）、左溪玄朗（673～754），法相宗玄奘大师（600？～664），华严宗杜顺（557～640）、智俨（602～668）、法藏贤首（643～712），律宗南山道宣（596～667），净土宗道绰（562～645）、善导（623～681）等人都名动一时。禅宗在初唐时更是蔚为大观。

禅宗又称佛心宗、达摩宗、无门宗，号称"教外别传"，其传承以释迦牟尼在灵山会上拈花、迦叶破颜微笑为其滥觞。该宗偏重于修心，以心传心，直传佛祖的心印，故有"佛心宗"之名。此宗以禅那为示，为思维真理、静息念虑之法，原为三学六度之一，又有如来禅、祖师禅之说。据经论所说，六度所摄之禅为如来禅，达摩所传之心印为祖师禅。该宗在中土指以菩提达摩为初祖，探究心性本原，以期"见性成佛"的大乘宗派。本宗在西方二十八传，至菩提达摩，为东土初祖。相传菩提达摩于六朝齐、梁间从印度渡海东来，梁普通（520～526）前后到洛阳弘扬禅法。因其禅法不为当时佛教界所重，乃入嵩山少林寺安心壁观，人称壁观婆罗门，以"二入四行"禅法教导弟子慧可、道育等。慧可立雪断臂，志求佛法，从达摩六年，终得达摩所传心印，达摩授以《楞伽经》四卷。僧璨受法后隐居于舒州皖公山（今安徽潜山东北），萧然静坐，不出文记，秘不传法。道信（580～651）十四岁前往侍奉僧璨，前后九年，得其衣法，成为禅宗四祖。道信先至吉州（今江西吉安）传法，曾劝道俗依《文殊说般若经》修一行三昧，后转入庐山住了十余年，又前往蕲州双峰山三十多年，正式创立禅宗僧团，主张"坐禅守一"，并传法给弘忍。

弘忍（601～674，一说602～675），禅宗第五代祖师。据《景德传灯录》记载，弘忍俗姓周，蕲州（今湖北）黄梅人，又有说为浔阳（今江西九江）人。据说其七岁时，某日四祖道信前往黄梅县，途中遇见一小孩，长得聪明伶俐，聪慧清秀，大异于一般儿童。四祖见了很是喜欢，便问："你姓什么？"小孩回答："姓是有，但不是普通的姓。"四祖再问："是什么姓？"回答说："是佛性。"四祖又问："你没姓吗？"答道："因为性空所以我无姓。"道信听了大喜，知其有善根，将来必成大器，乃收入门下。这个孩子就是弘忍。弘忍年十三，即正式剃度为僧。他在道信门下，日间从事劳动，夜间静坐习禅。道信常以禅宗顿渐宗旨考验他，他触事解悟，尽得道信的禅法。永徽二年（651），四祖道信圆寂，付法传衣给弘忍。弘忍得法后即至双峰山东冯茂山（一作冯墓山）另建道场，名东山寺，时称他的禅学为"东山法门"。因来学者甚众，二十余年间徒众达七百人，"东山法门"也名噪一时，成为禅门中心。

从达摩到弘忍，中土禅宗的发展经历了两个时期。从初祖菩提达摩到三祖僧璨，其门徒都行头陀行，一衣一钵，随缘而住，并不聚徒定居于一处。到了道信、弘忍时代，禅风一变。道信于唐武德元年（618）年初入黄梅双峰山，一住三十余年，会众多至五百余人，这一时期，禅宗僧团正式创立。弘忍继之大弘"东山法门"，二十余年间徒众达七百人。这两代禅徒都定居一处，过着集体生活。他们实行生产自给，把运水、搬柴等一切劳动都当作禅的修行；弘忍即认为学道应该山居，远离嚣尘。这也是后来马祖、百丈等禅师于深山幽谷建立丛林、实行农禅生活的指导思想。

拜师弘忍

五祖门下俊秀辈出，神秀即为第一上首，称"秀上座"。而神秀得入弘忍门下，也经历了颇多曲折。

神秀虽"少通经史，博综多闻"，出家后又精勤佛典，刻苦钻研经、律、论，四处访求名师问道，但仍然觉得自己未能了解禅法奥秘，不得禅法要旨，也因此，他从未停止过对禅法的孜孜以求。

在神秀慕法不止的游历脚步中，转眼已日月如梭、时光飞逝，他也从风度翩翩的青年进入成熟稳重的知天命之年。且说神秀久不得良师，不免心中苦闷，某日得人指点，听说弘忍禅师在蕲州东山传授达摩禅法，于是决定前往投师。这日，神秀来到一座山前，只见崇峰峻岭，丛林苍郁，云雾缭绕，蒸腾直上，远远地有钟声传入耳中。神秀心念"踏破铁鞋无觅处，得来全不费工夫"，眼见东山禅寺在望，不觉精神大振，脚步也变得轻快了。待到山门，抬头望去，"东山禅寺"四个雄劲有力的大字赫然映入眼帘，其后，一座古拙朴实、气势恢宏的禅院依次排开，自有一番气象。正四处观望间，从里面走出一位气宇轩昂的老和尚，一副高僧模样，不仅形貌超凡，神情更是肃穆，清气逼人，两眼灼然有光。

看到神秀，老和尚敛然而立，淡然问道："从何处来？"

神秀见问，心知问话定有禅机，一心想卖弄，于是答道："从河的上游来。"

老者又问："到何处去？"

神秀答："到河下而去。"

老和尚一听，眉头一皱，声音变得有些严厉："哦，原来是随波逐流啊！"

神秀听后，心中惶恐不安，连忙答道："沿江海拾贝，诚乞拜访，还请大师指点。"

老和尚脸色稍霁，道："你在寺外，我在寺内，差之毫厘，失之千里呀！"

神秀回道："身在有人之境，如入无人之境。"说着，一脚跨入山门，径直走到了老和尚跟前。

老和尚一见，心下暗赞此子颇有慧根，但仍不肯让他轻松过关，有意刁难，又问道："昨天你在哪里？"

神秀回说："我忘了。"

老和尚又问："明天呢？"

神秀摇头回答说："不知道。"

老和尚一听，说道："罢了，你可以走了。不过，不要从此门出去。"

"本无内外，无进无出。"神秀说罢，纳头便拜，口称师傅。至此，老和尚的脸上终于绽放出笑容，而他，正是弘忍。

神秀前往蕲州黄梅的东山，参礼五祖弘忍这一年，已是年约五旬了。而关于神秀往参五祖弘忍时的具体年纪，各种史料记载不一，《传法宝纪》记为四十六岁，云："至年四十六，往东山归忍禅师。一见重之，开指累年。"张说《荆州玉泉寺大通禅师碑铭》（以下简称《大通碑》）认为是知天命的五十岁，载："逮知天命之年，自拔人间之世。企闻蕲州有忍禅师，禅门之法胤也……乃不远遐阻，翻飞谒诣……服勤六年，不舍昼夜……"《宋高僧传·神秀传》又记为四十八岁，此非直接史料，且是后撰，故常被忽略。根据这些史料，佛学泰斗印顺法师推测神秀往参弘忍的年纪，是《大通碑》所载的"知天命之年"——五十岁，非《传法宝纪》所记的四十六岁，同时，印顺法师根据旁证，即神秀四十六岁为唐高宗永徽二年（651），是四祖道信入灭的那年，认为神秀不可能在那一年去黄梅参礼，故而《大通碑》的说法较为妥当。其实，《景德传灯录》记载有弘忍的另一弟子老安，于贞观（627～649）中至黄梅，礼谒弘忍，遂得心要一事，可推知：在道信入灭前，学人往参弘忍并不违反禅门规定。因此，神秀当可于高宗永徽二年去黄梅参礼。甄别具有争议的两处记载，《传法宝纪》明记岁数，或有所本，不能完全忽视；然而，《大通碑》为神秀的碑铭，其撰作时间比《传法宝纪》早，又代表着官方的说法，其可信度和参考价值似更高，故不妨仍取《大通碑》之说。

神秀拜入弘忍门下后，见弘忍"以坐禅为务"，生活修行极其清苦，心中叹服，想："此真吾师也。"此后，"遂誓心苦节，以樵汲自役而求其道"，下定决心诚修艰苦的节行，一边从事寺中的砍柴、担水等杂务，从砍柴、担水等日常劳动中修习禅法，一边从弘忍求道受法。神秀不以自己饱学多闻而自大或养尊处优，初到黄梅，即受弘忍看重。就这样，神秀精诚精进，不分日夜，如此度过六年。神秀因为在理解禅法要义和修行方面表现突出，受到弘忍的称赞。据神秀的同门玄赜所著《楞伽人法志》记载，弘忍曾对玄赜表示，在他死后能够传授他的禅法者只有十人，其中神秀最为优秀，说："我与神秀论《楞伽经》，玄理通快，必多利益。"说神秀对于《楞伽经》有深入的理解。《宋高僧传·神秀传》载："秀既事忍，忍默识之，深加器重。"弘忍曾赞誉神秀说："吾度人多矣，至于悬解圆照，无先汝者。""悬解"意为从迷惑烦恼中摆脱出来，实指对禅理的深入领会；"圆照"是指通过禅观体悟真如自性的修行。意为："我度化的人很多，但是在解除束缚、圆融观照方面，没有能超越你的。"张说《大通禅师碑铭》载，弘忍认为神秀尽得东山禅法的精髓，曾赞叹"东山之法尽在秀矣"，认为东山的禅法都在神秀身上了。道信、弘忍的东山禅法继承了达摩以来重视《楞伽经》的传统，把通过禅观修行达到心识的转变作为对修行者的基本要求，神秀因为在这些方面表现卓越，故受到弘忍的大力赞许，深受器重，在数百门徒中位至上座，人称"秀上座"，受命成为"教授师"。

能秀和睦

光阴如梭，在东山寺的暮鼓晨钟里，神秀日复一日，如饥似渴地潜心学习着全新的禅学义理，也在打柴、担水的日常生活中修行与实践着这一禅法。他的勤奋好学很快赢得了众人的尊重，更因其学通内外，备受众人的推崇与仰慕，弘忍门下七百余名弟子，神秀即居第一座。然而，一个特殊人物的到来打破了这种局面，他就是日后与神秀并称"南能北秀"的惠能。

惠能，又作慧能，俗姓卢，范阳（今北京大兴）人，唐代高僧，南宗禅创始人，与神秀同一时代，时人称"南能北秀、南顿北渐"，后被尊为中国佛教禅宗六祖。其父名行瑫，因事被贬官流放到岭南新州（今广东新兴），惠能幼年即随父迁徙流放，不久因父亲亡故，随母移居南海，生活艰辛贫困，以卖柴为生。二十四岁时，一日惠能到集市卖柴，有位叫安道诚的人想买惠能的柴，出价豪爽，只是要求惠能将柴送至其客店。惠能将柴送至，取钱正要走出店门，忽然听到道诚正在念《金刚经》。也是惠能慧根深种，与佛有缘，一听便能领悟，只是从小孤苦，识字不多，遂打破砂锅问到底，问道诚念的是什么经，佛经又从何处得来，道诚一一作答。原来，道诚曾到蕲州黄梅县东冯茂山礼拜五祖弘忍大师，曾听弘忍大师开坛讲法并得受《金刚经》一部。当时听法的僧俗道众约有千人，一眼望去人山人海，把法场挤得水泄不通，大师当时曾劝导受众，说只要受持《金刚经》一卷，即得见性，可直了成佛，意为只要诚心受持《金刚经》，就可以彻见自心本性，即佛性，当下了却生死，证成佛果。道诚一番绘声绘色的讲述，说得惠能无限向往，恨不能立刻前往礼拜五祖。但苦于家乏欠缺，老母在堂无人供养，惠能不忍心抛弃母亲。道诚听说了惠能的顾虑，遂慷慨解囊，资助惠能一百两银钱，充作其母的衣粮之资。惠能千恩万谢，待回到家安顿好老母亲，便北上参学，一心前往礼拜五祖。

唐高宗龙朔元年（661），经过一个多月的跋山涉水，惠能终于在黄梅谒见禅宗五祖弘忍。弘忍大师问惠能前来黄梅的目的，说："你是什么地方人，来此山礼拜我？你现今来到我这里，又想求得什么东西呢？"惠能照实回答说："弟子岭南人，新州百姓，今故远来礼拜和尚，不求余物，唯求佛法作。"意即自己到黄梅礼拜大师并没什么别的目的，只求能够学习佛法。大师听后很生气，责备惠能说："若未堪作佛法。"意即你不但是岭南人，而且是岭南人中的"獦獠"，你根本没有资格学习佛法。

这里有一个问题尚待澄清，即弘忍大师为什么说獦獠没有资格学习佛法呢？众所周知，佛法艰涩难懂，学习佛法需要具备一定的能力与条件，比如需要具备一定的文化知识，这样才能看懂佛经。惠能既因家贫，识字不多，文化知识自然十分欠缺，可以算是一个还不太开化的人，也就缺少了学习高深佛法的基础。弘忍大师也许正是看到了这一点，判定惠能没有资格学习佛法。

敦煌本《坛经》相继被发现后，许多佛学研究者根据自己的理解和后世流传的一些《坛经》作品对文本进行校录，并将惠能"不求余物，唯求佛法作"的回答录为"不求余物，唯求作佛"，将弘忍的回答"若未堪作佛法"录作"若为堪作佛"，这样一来，就篡改了敦煌本《坛经》原文的意思，使得惠能要求学习佛法，弘忍认为他没有能力学习佛法的回答，变成了惠能要求成佛，弘忍判定他是獦獠，根本成不了佛。如此一来，惠能和弘忍初次见面的场景性质全变，惠能极端自负，一登场就非常自傲地提出："我来就是为了成佛！"而弘忍则严词拒绝，且毫不留情地给惠能当头泼了一盆冷水："你这个獦獠，没学会走路就想学跑，想要成佛，门都没有！"

其实，从南北朝竺道生提出"一阐提人皆得成佛"的命题以来，一切众生皆有佛性，皆存在成佛的可能性的理论，已经成为中国佛教的主流思想。禅宗向来即承认人人皆具有佛性，弘忍乃一代宗师，为禅宗五祖，定然不会在一个人能否成佛的问题上与佛教主流相逆。如此看来，弘忍定不会因为惠能是獦獠而判定他没有成佛的可能性，而更加强调的是惠能缺乏学习佛法的能力与条件。一些佛学研究者篡改敦煌本《坛经》的文字，强加解释，非但做法不妥，更恐有画蛇添足之嫌。

面对弘忍的诘问，惠能自然不能服气，理直气壮地回答道："人即有南北，佛性即无南北。獦獠身与和尚不同，佛性有何差别!"在这里，惠能回避了学习佛法的能力、水平等问题，转而直截了当地从人的本性入手："人人都有佛性，而佛性是没有差别的。我的能力虽然比不上您，我的佛性和您的又有什么差别呢?"

显然，惠能已经建立起坚定的"一切众生皆有佛性"的佛性论，这一回答令弘忍出乎意料，意识到眼前的这个獦獠非同一般，弘忍便决定将他留下来，让他与众人一起劳作。从此，惠能留在东山寺，并被差遣到碓坊中劈柴踏碓。也因此，惠能与神秀同在弘忍门下，劳动作务、学禅习法，度过了八个月余的时光。

据印顺法师推测，神秀与惠能同住黄梅的时间，大约是高宗龙朔元年。这是有一定道理的，同时也可为神秀参礼黄梅的时间提供印证。前已提及，神秀参礼黄梅时，已经年近五旬，而非《传法宝纪》记载的四十六岁。若依《传法宝纪》之说，神秀于高宗永徽二年（651）四十六岁时到黄梅参礼，历经六年至高宗显庆二年（657）离开，如此，便不可能在高宗龙朔元年与惠能共住于黄梅。若依张说《大通碑》之说，神秀五十岁时（655）到黄梅，直到高宗龙朔元年离开，正好是六年，刚好符合惠能在黄梅的时间；那么，《传法宝纪》所记神秀往参弘忍的年纪——四十六岁，则可能有误；而《大通碑》所记"知天命之年"——五十岁之说矛盾较少，更显合理得多，颇为可信。

依《坛经》等的叙述，神秀与惠能在黄梅共住于弘忍门下期间，两人的关系并不亲密，事情的缘由主要是弘忍年事已高，急于传付衣法，命弟子作偈呈心，而惠能所作偈颂比神秀高出一筹，致使神秀未能得到法衣。关于付法的谜团，将在稍后详解，这里要说明的是，南北两宗，一顿一渐，虽后来因为宗统问题争执难下、水火不容，但神秀与惠能的关系，并不见得如后来的南宗文献记载的那样紧张，二人或许惺惺相惜，水乳交融，关系极其和谐。

神秀与惠能之间互为同学，感情很好。在黄梅期间，神秀已是上座、教授师，惠能为一尚未出家的行者。惠能在离开弘忍以后，直到上元三年（676）才正式出家受戒，此后到曹溪传法，在先天二年（713）去世。现存《六祖坛经》中有惠能批评北宗禅法的话，但还不足以证明两方已经发生论争。且对于惠能，神秀并无门户之见，反而是由衷敬佩、极为推崇的，他曾介绍自己的门徒去惠能处参学。《坛经》中记载，神秀曾对其门人说，惠能"得无师之智，深悟上乘，吾不如也，且吾师五祖亲传法衣，岂徒然哉？吾恨不能远去亲近，虚受国恩，汝等毋滞于此，可往曹溪参法"。由此可见，神秀对惠能不仅欢喜赞叹，更派遣他的门人前去参礼，其胸怀之宏博可见一斑。神秀能对惠能如此高度地赞扬，可见其心胸不凡，其形象又怎么可能与后世传说的小人相符合呢？

神秀对于惠能之感情，不仅见于上。在神秀为朝野所重、声望如日中天，号称"两京法主、三帝国师"之时，也没有趁机排斥与打击惠能，反倒多次向武则天和唐中宗举荐或亲自邀请惠能赴京。《佛祖纲目》载："秀尝奏请武后请惠能赴阙，能固辞，秀乃复自作书重邀之。能谓使者说：'吾形貌矮陋，此土见之，恐不敬吾法。'"《宋高僧传》也载有如下文字："初秀同学能禅师与之德行相埒，互得发扬无私于道也。尝奏天后请追能赴都，能恳而固辞。秀又自作尺牍，序帝意征之，终不能起，谓使者曰：'吾形不扬，北土之人见斯短陋，或不重法。又先师记吾以岭南有缘，且不可违也。'了不度大庾岭而终。"唐中宗《召曹溪惠能入京御札》更明确记载了慧安与神秀并奏、举荐惠能的事迹，云："朕请安、秀禅师宫中供养，万机之暇，每究一乘。二师并推让云：'南方有能禅师，密受忍大师衣法，可就彼问。'"如果不是与惠能的关系极好，又怎么会如此大力推举？则神秀与惠能之感情又可一见，世传之说不攻自破。说能秀反目、嫉恨成仇显然是强冠之词，是南宗门人为自己的目的妄加牵强，为标榜弘忍传法惠能为正宗传法法统而附会。后人的杜撰之词，不能不说是让神秀蒙上了千古的冤屈。

其实，早期南北二宗之间根本并无冲突，也没有南北彼我之见，只不过是分头弘扬东山法门事业罢了。但神秀、惠能相继归寂后，六祖门下出了菏泽神会，北上讨伐北宗，声称北宗"师承是傍，法门是渐"，挑起争端。此后北宗视南宗为仇，南宗亦极力诋毁与排挤北宗，终于酿成两大法系分河而饮、泾渭分明之局面，两派之争亦由此而起。

付法之谜

在《坛经》中，记载了一段弘忍传法、惠能得法的故事。在这个充满悬疑、充满戏剧性、充满迷雾的故事中，弘忍为选拔接班人，搞了一个所谓作偈呈心的公开"招标"大赛。神秀名满教团，可谓众望所归，不料却名落孙山，灰溜溜地成了笑柄；惠能半路杀出，结果却一鸣惊人，得承衣法，遵师嘱南归避祸。历史的真相究竟如何？让我们先来看看《坛经》所载的故事始末。

龙朔元年某日，年事已高的弘忍将门下弟子们召集在一起，弟子们到齐后，五祖说："我要对你们说，世人的生死是一件大事，你们这些弟子终日供养，只求福田，不求脱离生死苦海。如果自性迷失，福田之功德怎么能解救你们出苦海？你们都回去自己思索，有智慧的人能从本心中证悟般若智慧，各作一首偈来给我看。有能够领悟佛法大意的，就交付给衣法，立为第六代祖师，快去吧！"

所谓一石激起千层浪，弟子们退出前堂，就在院子里议论纷纷："我们不必用心作偈，神秀上座现在是教授师，衣法一定是他得到，我们写了偈颂也是白费心力。以后就依靠神秀师吧!"在这里，《坛经》展示了一个颇不寻常的氛围：门人们对弘忍的要求，反应不一，整个教团似乎陷入了一种不正常的、极端诡异的氛围。有些人跃跃欲试，但没等行动，就被当头棒喝，立刻被提醒神秀上座是教授师，接班可谓众望所归，他们完全没必要班门弄斧去作什么偈。或许碍于神秀在僧团中的势力而不敢妄动，或许认为自己不够资格而主动放弃竞争，仅有的那么几个不安分之徒，本有心对接班人的位置争夺一番，至此也偃旗息鼓，"不敢呈偈"。

神秀当时又是什么反应呢？五祖要求徒众将自己对佛法的理解撰写成偈颂，并决定把"悟解佛法"作为"禀为六代"的前提，这让弘忍教团内被公认为接班人的神秀犯了难。佛教从来讲究"印可"，即弟子的悟道层次，要由导师来判定。禅宗主张"以心传心"，则更加提高了导师对弟子印可的重要性。神秀的迟疑就在于，如果能得到五祖对自己悟道与否进行判定，自然是好事一桩，也是自己求法之路上的必经过程，但五祖将此事与选拔接班人联系在一起，则作偈呈心就成了争夺接班人的位置、想要争当六祖的举动，而这历来是佛教所鄙视的行为。佛教历来主张摈弃世间一切荣华富贵，超脱生死，觉悟成佛。神秀既在僧团中被公推为接班人的不二人选，自然担心别人误解他呈偈求法的举动。

《坛经》这样描述了神秀当时的矛盾心态："诸人不呈心偈，缘我为教授师。我若不呈心偈，五祖如何得见我心中见解深浅？我将心偈上五祖，呈意即善，求法；觅祖不善，却同凡心夺其圣位。若不呈心，终不得法。"

一方面，作为一个佛教修行者，最高目标自然是解脱生死，觉悟成佛。而作为一个禅宗教团成员，是否真正达到开悟的境界，也需要一个以心传心的宗教过程，即需要宗教导师的印可。另一方面，作为一个佛教徒，应该无我、无我所，放弃对世间一切事物，包括名誉、地位的执着与追求。作为一个求法僧人，神秀自然希望得法，希望导师弘忍印可他心中佛法见解的深浅，这就需要按照弘忍的要求呈上偈颂。但是，他也深知自己已经是大家公认的接班人，便多了一层顾虑和担心：如果呈上偈颂，是否会给其他人留下"觅祖"的印象？而"觅祖"绝非一个高僧应有的举动。此外，看来他对自己多年修持已经达到什么境界心里没底，所以对弘忍是否能够印可自己缺乏把握。在这种情况下，如果公开呈上偈颂，而最终被弘忍否定，对自己平时已经树立的形象，肯定是一个极大的破坏。然而不呈上偈颂，又不可能得法并获得印可。进退两难的神秀此时矛盾异常，按照《坛经》的描述，是所谓："良久思惟：'甚难！甚难！'"

神秀思前想后，考虑再三，决定秘密呈偈。当时弘忍大师堂前有三间房廊，廊下正准备请一位卢姓画师明天来作画，画的是《楞伽经》的变相和五祖大师传授衣法，作为供养，以流传后代。神秀即在夜半三更之时，趁着四下没人，在南廊中间的墙壁上，秉烛题下了自己的偈颂：

身是菩提树，心如明镜台。

时时勤拂拭，莫使有尘埃。

按照神秀心中的盘算："若五祖见偈，言此偈语，若访觅我。我见和尚，即云是秀作。五祖见偈，言不堪。自是我迷，宿业障重，不合得法。圣意难测，我心自息。"即如果弘忍看了自己的偈颂，说"这首偈颂开悟了"，必定会寻找作者。到那时候，自己便可以出面，承认偈颂是自己作的，这样，自然达到得法的目的。如果弘忍看了偈颂，说"这首偈颂不行"，自然是因为自己自性尚迷，对佛法尚未彻底理解和领悟，即便自己到时不能得法，也不必出面，也就不会损害自己的形象了。这样一来，进可攻退可守，可谓万无一失。

在这里，敦煌本《坛经》塑造了一个看来清高，实际精于算计、患得患失，且对自己的修持境界毫无自信的神秀形象。按照《坛经》的叙述，神秀看来只求得法，不求觅祖，其实不过是表面的清高，实际上他对自己极不自信，优柔寡断，怕觅不到祖，反而被弘忍否定，到时弄巧成拙，偷鸡不成蚀把米，于是设计了这样一个秘密呈偈的方案。

敦煌本《坛经》把神秀的矛盾心理刻画得惟妙惟肖，仿佛亲历。其实，《坛经》是惠能在大梵寺开法布讲时所讲，由其弟子法海集记。既然关于神秀这段心理活动的叙述，由惠能的口吻讲述出来，而遍查《坛经》文本，惠能与神秀在征求偈颂的整个过程中并没有任何接触往来，我们不禁要问：神秀的一系列心理活动，惠能是如何得知的呢？《坛经》中并没有交代。如此看来，这段心理活动的描述，其可信性尚待商榷。或许有人认为当年神秀毕竟曾做过半夜不为人知、秘密题偈的事情，其心理活动可通过合理的推测而得知。然而，《坛经》出自南宗弟子之手，几经流传，这段故事是否存在都还尚待厘清，妄加揣测他人的心理活动，毕竟难以令人信服。再者，《坛经》产生于禅宗南宗与北宗激烈斗争的年代，并且是由南方传至北方的南宗系经典，而当时斗争的焦点之一，就是争夺谁才是禅宗的正统，即涉及弘忍到底将祖位传给了谁的问题。联系这一背景，我们不排除南宗有为抹黑北宗、诋毁北宗创始人神秀的可能。

据《坛经》所述，神秀题完偈后即回禅房歇息，并没有人看到这一幕。次日，五祖唤来庐姓画师，领他到南廊，准备画楞伽变。看到神秀所题偈颂，弘忍立即改变了主意，为留此偈颂，宁肯白白奉送画师三万钱，作为辛苦费，也取消了画楞伽变的计划。弘忍似乎非常欣赏神秀的这首偈颂，认为按照这首偈颂阐述的道理修行，可以不堕三恶道，有大利益。而楞伽变，不过是一种虚妄之相罢了。弘忍还引述《金刚经》中"凡所有相，皆是虚妄"的说法，认为与画楞伽变相比，神秀的偈颂价值更大，所以放弃画楞伽变，留下偈颂。

不仅如此，弘忍还将门人全部召集到南廊下，在神秀所题偈颂前焚香礼拜，要求他们"汝等尽诵此偈者，方得见性；依此修行，即不堕落"。即称只要念诵这首偈颂，不但可以不堕落，还可以见性。见性成佛是禅宗僧人修持的最高目标，既然神秀的偈颂可以帮助达成如此目标，无怪乎弘忍要让大家焚香礼拜。

如此看来，弘忍似乎对神秀的偈颂大加赞许，但根据《坛经》的叙述，弘忍的以上种种举动不过是表面现象而已。弘忍心中不但完全明白这首偈颂是谁写的，而且对神秀的心态了如指掌。他先是把神秀叫来当面询问，并明确表示：如果这首偈颂是神秀写的，"应得我法"。然而，当神秀痛痛快快地承认偈颂是自己所写的，并表明自己并不是想觅祖，只是想求法的心意时，弘忍的态度却突然有了三百六十度的转变。他本来在大庭广众之中宣布称这首偈颂可以见性，本来当面向神秀明确表态"应得我法"，此时却完全推翻，统统不认账，还说："你现在的认识，只来到大门口，即还没有真正入门，不能登堂入室。一般的凡夫，按照你的认识去修行，可以不堕三恶道，但修行者却不可能靠它觉悟成佛。"弘忍还指出："要得入门，才能见性。"他要求神秀重新再作一个偈颂，如果能够真正入门、见性，才能将衣法传授给他。

弘忍前后态度不一，一者公开赞扬，二者私下不予印可。他的出尔反尔显然完全出乎神秀的意料。如此戏剧性的转折，使神秀被耍懵了头，接下来的好几天，他异常苦闷，苦思冥想，也没有写出新的偈颂。

弘忍为什么要这样对待神秀？作为一代宗师，弘忍又为什么要食言呢？如果这是历史的事实，那么弘忍等于精心设了一个计，把神秀引入彀中。这明显与弘忍对神秀"悬解圆照，无先汝者""东山之法尽在秀矣"等评价不符。倘若它不是事实，那么只能说，是《坛经》编造了这样一个故事。又或许，这个故事里既有历史事实的影子，也有后人的编撰改造。这些事实，都是研究早期禅宗的历史及其僧团内部等问题所不可避免的。无论如何，敦煌本《坛经》的这段戏剧性的描写，对神秀先扬后抑，扬中有抑，充满嘲弄。无可否认，这为惠能的出场作了极好的铺垫。

根据《坛经》的讲述，神秀撰写偈颂后，弘忍出现了截然不同的两种反应：公开赞扬礼拜，私下不予印可。惠能当时作为一个在碓房劳作的行者，并无从得知弘忍私下对神秀偈颂的评价，不仅如此，连弘忍公开征求接班人的事情也毫不知情。只是偶然一日，一个童子路过碓房时，唱诵神秀的偈颂，恰好被惠能听到。正如惠能自己所说："惠能一闻，知未见性，即识大意。"也就是说，惠能一听童子唱诵的偈颂，就明白了它的基本含义，知道这一偈颂还没有达到识心见性的境地。

在《坛经》中，惠能接着介绍说，在与童子的闲聊中，童子向他讲述了弘忍公开选拔接班人的来龙去脉及神秀偈颂的由来。由于心中对神秀偈颂已有所评价，惠能在童子的引领下，满怀信心地来到现场，请人写下了自己的偈颂。

同时，惠能面对大梵寺诸多听众，公开揭示自己禅法的核心——"识心见性"。

"不识本心，学法无益；识心见性，即吾大意。"

如果不能认识本心，再怎样学习佛法都没有用；学习佛法，就是要识心见性。这才是一切的关键，这就是惠能的禅法宗旨。在这里，惠能把"识心见性"作为修习禅法的最高目标。这也是整部《坛经》反复阐明的主题。

许多《坛经》研究者在校录这段文字时，常把"呈自本心。不识本心，学法无益；识心见性，即吾大意"作为惠能请人在西间壁上题着的文字。实际上，这些文字只是惠能在大梵寺向诸多听众宣讲时所说的话。一者向听众表明，批评神秀偈颂未能识心见性道理何在，即自己为什么要反对神秀的偈颂；再者，他作为南宗一代宗师，需要亮明自己的旗帜，公开标示自己的禅法宗旨。在惠能看来，佛教八万四千法门，归根结底，要在"识心见性"上下功夫。这是惠能的基本思想，也是贯穿整部《坛经》的基本思想。

惠能既认为神秀的偈颂尚未见性，便针锋相对地创作了自己的两首偈颂，并请人题写在寺院墙壁上。

其一为：

> 菩提本无树，明镜亦无台。
> 佛性常清净，何处有尘埃？

其二为：

> 心是菩提树，身为明镜台。
> 明镜本清净，何处染尘埃？

惠能的两首偈颂，针对神秀偈颂的破绽，一破一立，形成一个完整、严密的逻辑体系，在破斥神秀禅法思想的同时，充分表述了自己的禅法思想。可以说，惠能的偈颂成为惠能得法的契机，我们不妨将惠能的偈颂称之为《得法偈》。惠能的《得法偈》是针对神秀的《无相偈》而作的，因此，两者必须对举研究。这一点，将在后章详述。

惠能初上黄梅，便语出惊人，引起弘忍的注意。据《坛经》所说，就在弘忍门下僧众对惠能的偈颂惊异不已之时，五祖似乎已经认定惠能堪能受法。但为了保护惠能不受神秀势力的迫害，弘忍并没有在众人面前亮明自己的态度，而是假意说"此亦未得了"，却在夜间将惠能秘密唤入堂内，师徒二人秉烛夜谈。弘忍付嘱衣法，并让惠能连夜离开，以免遭害。

在禅宗乃至整个中国佛教历史上，采用公开"招标"的方式选拔接班人，除弘忍外没有任何记载，可谓前无古人、后无来者。弘忍为什么要采取这种方法呢？

佛学研究者梅挺秀认为："东山门下僧徒上千，弘忍要培养接班人传授衣钵，应早进行，不会临时取决于一场交心运动，作偈比赛。门人的反应是正确的：五祖要将衣法传给上座神秀。这从下面弘忍对神秀初偈的肯定，亦即启发诱导他进步入门可以证明。但想不到中间杀出个砍柴佬、獦獠汉，打乱了他的部署。"

梅挺秀的这段话有点自相矛盾。一方面他肯定弘忍已经决定把衣法传给神秀，一方面又批评弘忍不应搞这场作偈比赛，以致冒出个惠能，自乱部署。

那么，弘忍是不是已经决定把衣法传给神秀呢？《坛经》并没有提供任何依据。的确，从敦煌本《坛经》的描写来看，神秀在弘忍教团中的势力很大，几乎无人可与之抗衡，弘忍如果决定把衣法传给神秀，自然可以公开、直接地把衣法传给神秀，这也是众望所归的结果，但他为什么要故弄玄虚，搞出一个作偈比赛呢？这样看来，弘忍已经决定把衣法传给神秀的说法就立不住脚了。还有一种说法认为，弘忍是为了表示自己大公无私。但根据禅宗的教团管理传统，在大家公认某人为接班人的情况下，教团领袖的交接一般不会有什么纠纷和争议。在这种情况下，弘忍为了表示自己的公正，标新立异，搞什么作偈比赛，未免有作秀的嫌疑。而作为一代禅宗的祖师，弘忍大概不会去作秀。那么，这个所谓的作偈比赛的真实性就值得怀疑了。

退一步讲，弘忍没有看中当时在整个教团中具有崇高威望、已是众人心目中接班人的不二人选的神秀，而是心中另有接班人的人选，因此搞了一场公开征求偈颂、确立接班人的比赛。那么，弘忍心目中的人选又是谁呢？敦煌本《坛经》中没有提及。但在惠能的弟子神会所作的《南阳和尚问答杂征义》中，讲了这样一个故事。

惠能被发遣到碓房劳作踏碓后，弘忍主动到碓房找到惠能，又在夜间将惠能秘密唤入自己房中，谈了三天三夜，确认惠能的确"证如来知见"，便付嘱衣法，并让惠能连夜南下，以免遭害。

这段故事没有提到作偈比赛，但弘忍内堂传法，并让惠能连夜离开黄梅，则与敦煌本《坛经》一致。

敦煌本《坛经》是神会系的传本，《南阳和尚问答杂征义》是神会本人的著作。为什么在《南阳和尚问答杂征义》中没有作偈比赛这一重要情节呢？或许我们可以进行大胆而合理的假设：惠能初上黄梅，便出语不凡，弘忍已经对其刮目相看。其后弘忍多次与之交谈，得知惠能佛法水平堪能受法。但当时神秀名满教团，惠能也只是一个行者，传法惠能将遭遇强大的阻力。为了惠能得法具有正统性，弘忍便想到了公开征偈这一招。这多少有点师徒串通、私相授受的味道，所以《南阳和尚问答杂征义》中不提作偈比赛，而敦煌本《坛经》为了避嫌起见，把密室传法安排在作偈比赛之后。

如果以上假设成立，弘忍为惠能接班煞费苦心地搞了个作偈比赛，那么惠能偈颂一出，只要当场加以肯定，并公开授以衣钵即可，为什么还要假惺惺地说什么"此亦未得了"呢？如果说，这是为了保护惠能不受神秀势力的迫害，那么，弘忍自然可以将衣法私下传给惠能即可，又何必兴师动众地进行公开招标呢？

或许，正如许多研究者指出的那样，什么作偈比赛、什么私传袈裟，历史上也许根本就不存在这样的事实。胡适就曾依净觉《楞伽师资记》说："在那时候，并没有袈裟传信的法统说，也没有神秀与惠能作偈明心，而弘忍半夜传衣法与惠能之说。"这段传说出自惠能所说的《坛经》及一些南宗系文献单方面的记载，没有其他旁证可查。坚持只有惠能一人得弘忍传授衣法，所谓正统、嫡传的这种说法，乃神会用来否定北宗法统的借口。弘忍深夜付法，不过是南宗传人编造的故事罢了。

那么，弘忍究竟将衣法付与了谁呢？实际上，弘忍付法的弟子有十多人，神秀与惠能皆名列其中，当时并无所谓的旁正之别。其实，南北两宗的对立及其对立的白热化，始于神会公开批评北宗"师承是傍，法门是渐"。神会声称：从达摩到惠能"一代只许一人"的说法，从《续高僧传》《楞伽师资记》《圆觉经大疏钞》《景德传灯录》等文献记载来看，都可证明并非史实。净觉《楞伽师资记》引用玄赜《楞伽人法志》的记载说，弘忍临终前二日，亲语玄赜说："吾一生教人无数，好者并亡；后传吾道者，只可十耳。"于上首神秀、韶州惠能以外，更举出了玄赜、资州智诜、白松山刘主簿、华州惠藏、随州玄约、嵩山老安、潞州法如、扬州高丽僧智德、越州义方。根据学者们的研究，可称弘忍门下著名弟子的，有二十五人之多。除《楞伽师资记》所记十人外，宗密《圆觉经大疏钞》卷三之下也举了十人，但人名与《楞伽师资记》稍有出入，新见的有襄州通、蕲州显、扬州觉三人。又宗密的《中华传心地禅门师资承袭图》另举出弘忍门下十大弟子，新见的有业州法、江宁持二人。《景德传灯录》所举弘忍弟子十三人，其中新见的有扬州昙光、随州神愷、舒州法照、枝江道俊四人。《宋高僧传》还载有在广州为惠能剃发的印宗，在大庾岭因惠能的启发而悟道的慧明和越州妙喜寺僧达三人，都出于弘忍门下。此外义净《大唐西域求法高僧传》（卷下）载有曾到印度那烂陀寺留学八年的智弘律师，也曾在黄梅弘忍门下参学过。还有惠能弟子智隍，本出弘忍门下，后往曹溪惠能门下参学。弘忍这些弟子在全国各地不遗余力地弘化东山之法，如惠能、印宗在广东，神秀在长安、洛阳、荆州，玄赜、玄约和道俊等在湖北，智诜在江苏，义方、僧达在浙江，法照在安徽，慧明在江西，各化一方，遂使东山法门传播于全国。可以说，达摩一系的禅学，从弘忍门下始发展为一大宗派，而盛传其法的僧人，首推惠能和神秀。惠能宗《般若》，开法于南方，神秀宗《楞伽》，传禅于北方，成为南顿北渐二系禅学的首导。

第2章

声名动两京

一、十年隐居玉泉开法

神秀五十岁上黄梅，礼拜五祖参学，诚心修持、力行苦节，打柴汲水、劳作务禅，所谓"誓苦节，樵汲自役，以求其道"。据张说《大通碑》记载，神秀在弘忍门下如此，"服勤六年，不舍昼夜"，勤勤恳恳地度过了六年求道时光。弘忍也对其深加器重，曾感叹说："东山之法尽在秀矣！"

此后，《大通碑》记载："（弘忍）命之洗足，引之并坐。于是涕辞而去，退藏于密。"从字面意思来看，是说弘忍要神秀替他洗足，并引导神秀跟他并列坐着。神秀于是涕泣辞别师父，退隐修行。神秀与师父并坐与泣别师父似乎是两件完全不同的事，乍看起来，两者间也没有什么因果关联。正因为如此，印顺法师将这一段解读为：神秀是没有得到衣法付嘱的，因此流泪辞行。事实果然如此吗？

需要注意的，"于是涕辞而去"的"于是"一词，是表示顺序承接的连词，并无转折的意思。为什么弘忍命神秀洗足，并引导神秀跟他并列坐着？只有一种解释，就是弘忍要付法给神秀。神秀正是受法后，将离开时，感念师父的恩情，所以才涕泣辞别，其后隐遁修行，并非未得付嘱。弘忍临终曾亲自告诉玄赜，可弘扬其法的十大传法弟子中，上首神秀即居第一位。这一事实也可以印证神秀是得到付嘱的。

据《大通碑》记载，神秀五十岁参礼弘忍求法，历经六载，离开黄梅的这一年，已是高宗龙朔元年（661）。得法后，神秀"退藏于密"，长期隐居，时人不知其踪影。而据杜朏《传法宝纪》记载，神秀曾一度还俗，在荆州（治所在今湖北江陵）的天居寺隐居达十年之久，不为世人所知，所谓"后随迁适，潜为白衣，或在荆州天居寺，十所年，时人不能测"。

神秀为什么要隐居？究竟什么原因，神秀需要一度改变自己出家僧人的身份呢？是为了隐遁修行还是另有隐情？其传记并未明说。无独有偶，南宗的惠能也有同样的经历，因此学者们提出各种可能的因素，并认为主要是为官方所不容而不得不长期逃遁。如柳田圣山认为："左迁的事情并不清楚……迁适跟迁谪是一样的。"杜继文认为："其迁适的原因虽不可知，但为官方所不容，不得不长期隐遁，则十分清楚。"他还提出了一种可能性，说："永徽四年（653），浙江发生陈硕真起义，官方牵连的面极大，江左沙门受到普遍打击，神秀在弘忍门下服勤六年，即被强令迁适，可能与此事件有关。"由于尚未有明确的文献记载可资证实，故陈硕真事件与神秀的迁谪是否有直接关系，我们不妨暂且存疑。

另有一种说法，则认为五祖传承衣钵，要求弟子作呈心偈，神秀因所呈偈颂略逊于惠能，未受衣法，失利后，便归隐驻锡于今湖北省宜昌市夷陵区黄花乡古龙溪龙兴寺，此寺近年据说发现了神秀的古塔遗迹。据三峡晓峰龙凤山朝阳观珍藏的古籍《旧东湖县志》记载，古龙溪风景秀丽，有"潺潺出乱峰，演漾绿萝风……更欲寻深去，山深不可穷"的美誉，神秀当年隐居于此，苦修参悟数年，并与道教的归隐于龙凤山朝阳观的七子真君（后名紫七垭）交往甚密，终于有成。此后神秀在龙兴寺、当阳度门寺广开弘法，享有盛名，四面八方慕名而来者不计其数，求法问道者络绎不绝，可谓盛极一时。

还有一种大胆的推测，源于美国学者麦可瑞。他认为这段时间，神秀因在长安参与高宗龙朔二年（662）陈情"沙门不应拜俗"等事，迫于政治因素，不得不隐姓埋名，改名威秀。此事见于《宋高僧传》卷十七。文载：

> 释威秀，不知何许人也。博达多能，讲宣是务，志存负荷，勇而有仪。其于笔语挨张，特推明敏。无何天皇即位，龙朔二年四月十五日，敕勒僧道咸施俗拜。时则僧徒惶惑，罔知所裁。秀嗟教道之中微，叹君王之慢法，乃上表称沙门不合拜。征引诸史，爰历累挫，朝才发令，夕又改图，皆非远略也。方引经律论，以为量果，词皆婉雅，理必渊明。

由上述引文可知，威秀乃一大德高僧，博学多闻，思维敏捷，表达流利，文笔犀利，志存高远，有勇有谋，仪礼得当，能援引史籍与经律论三藏，为僧众上表陈情，有理有节，不卑不亢，说明学养丰赡，学贯三教。《宋高僧传》对威秀的描述，很多地方与神秀的特质相符，就两者某些方面惊人的相似，很难让人不联想到威秀就是神秀。

印度佛教有僧不拜俗的传统。相反，只要是俗人，无论是君王还是父母，都应向僧人致拜。佛教自印度东传中国后，这一传统遇到了极大挑战。原因在于中国向来以儒教治国，儒家则向来把三纲五常看作维护封建统治的基本教条，不能容忍佛教教徒自居于王化之外。因此我国历史上多次就"僧道是否拜君亲"问题展开争论。

隋朝灭亡，唐朝建立。由于建立唐朝的李氏祖先原来是胡人，君临天下后，为了论证自己世系的显赫，便拉道教的老子当祖先。唐代早期的几位皇帝，如高祖与太宗就极力扶持道教，对佛教持否定态度。唐高宗较为信奉佛教，虽然在佛、道的先后问题上采取折中态度，曾说："公私斋会，及参集之处，道士、女冠在东，僧、尼在西，不须更为先后。"但当佛、道问题触及君王至高无上的权力时，佛、道毫无疑问都需要匍匐在君主的脚下。《宋高僧传》所记的唐高宗龙朔二年四月十五日发生的这场关于僧道拜俗问题的争论，就是其中具有典型意义的一次。

威秀这样一位得道高僧，曾代表僧众陈情，并参与如此重大的诤辩事件，《宋高僧传》居然对其生平语焉不详，支吾以对，说"不知何许人也"，的确令人起疑。

对此，麦可瑞提出了他的四点推测。首先，威秀即神秀，其人有很好的学养，与皇室有密切的关系。其次，在参学弘忍之后，威秀前往长安，住在大庄严寺，开始弘讲佛法。再次，因为表达陈情的立场太强烈而激怒皇帝，或者更可能是得罪反佛的官僚们，结果威秀被迁谪，被迫离开京师，并且被命令必须居住在荆州。最后，威秀在重新从事公开活动时，为避免之前事件的影响，改名神秀。由于神秀的碑铭对这整个事件避之未提，而且是用神秀这个名字，因此，《宋高僧传》无法记录任何有关威秀的传记。

麦可瑞的推测不无道理。首先，从时间上看，高宗龙朔元年神秀离开黄梅，龙朔二年已经身在长安大庄严寺弘法，并在长安参与陈情抗表之事，时间点刚好可以契合。其次，龙朔元年神秀五十六岁，即"退藏于密"，销声匿迹，到高宗仪凤年间（676~679）至玉泉弘法，这十几年的时间，正是一个人思想成熟的黄金时期。神秀在五祖弘忍处得法，并深受弘忍赞赏与器重，其本身也学兼内外，才华横溢，勤奋修行，深孚众望。这样一位得道高僧，十余年间没有任何作为，非常不合常理。可以说，神秀即威秀的这个推测，为我们揭开神秀十几年隐晦的行迹事略的面纱，提供了很好的参考。

神秀隐身遁迹十年之后，于仪凤中结束了潜隐生活。其间，神秀由荆楚高僧数十人举荐，正式获得朝廷承认，在荆州当阳山（今湖北当阳县东南）玉泉寺弘法，取得"名在僧录"的合法地位，名籍隶属荆州的玉泉寺。而此时的神秀，已是一位年逾古稀的老人了。

玉泉寺是隋朝天台宗创始人智𫖮（又称智者大师）所开创的寺院，智者大师曾在此宣讲《法华玄义》《摩诃止观》等著作。该寺作为智者大师传法之地，因陈、隋两朝皇帝的大力支持而闻名。此外，据《宋高僧传》卷五《恒景传》记载：唐初，与神秀生活在同一时代的弘景（634~712，后因避宋太祖之父赵弘殷之讳，一般写为恒景），曾跟随道宣的弟子文纲学习戒律，后到此寺，以天台止观为修持依归。一般而言，玉泉寺被认为是讲习天台宗教义传统的寺院。神秀在此，可能一边学习天台宗的佛理教义，一边向徒众弘法。

神秀虽在荆州玉泉寺弘法，但实际上本人并不居住在寺中，而住在距离玉泉寺东七里的山上，在岩石之上结草庐为庵。据《大通碑》记载，神秀曾在玉泉寺极目远眺，见寺东七里之处地势平坦，山峰巍峨，颇为雄奇，正是自己心中的楞伽峰形象，心中大喜，于是在此荫松藉草，结庐为居，决定在此终老。其徒众也多自结茅庵，从其学法。

高宗上元二年（675）十月，弘忍示寂，神秀即迁至玉泉寺。在玉泉寺时，神秀并未立即开演禅法，而是一直等到弘忍的另一位弟子法如入灭后。据《传法宝纪》记载，神秀曾言，法如灭后，其"学徒不远万里，归我法坛，遂开善诱，随机弘济，天下志学，莫不望会"。即法如去世后，其门下学众依法如的交代，纷纷前往神秀处依止，神秀才开始弘讲禅法。此后二十余年间，神秀在玉泉寺大开禅法，德名广昭，声名远播。四海僧俗不远千里，闻风而至，其门庭兴盛仿若都市，玉泉寺一时成为禅学重镇。张说《大通碑》记其盛况为："云从龙，风从虎，大道出，贤人觌。岐阳之地，就者成都；华阴之山，学来如市，未云多也。"《宋高僧传》形容当时的场景说："四海缁徒，向风而靡，道誉声香，普门熏灼。"宋之问《为洛下诸僧请法事迎秀禅师表》记载尤其详细，说："契无生之理，传东山妙法。开室岩居，年过九十；形彩日茂，弘益愈深。两京学徒，群方信士，不远千里，同赴五门。衣钵鱼颃于草堂，庵庐雁行于邱阜。云集务委，虚往实归……九江之道俗恋之如父母，三河之士女仰之犹山岳。"其弟子之多、声誉之隆可见一斑。

神秀在玉泉寺所讲禅法，据《大通碑》记载："尔其开法大略，则忘念以息想，极力以摄心。其入也品均凡圣，其到也行无前后。趣定之前万缘尽闭，发慧之后一切皆如。特奉《楞伽》，递为心要，过此以往未之或知。"道信、弘忍的东山禅法继承达摩以来重视《楞伽经》的传统，把通过禅观修行达到心识的转变作为对修行者的基本要求。神秀开法，以心为宗和持奉《楞伽经》，可见他向弟子传授的仍主要是承自禅宗五祖弘忍的"东山法门"。

二、两京法主三帝国师

久视元年（700），九十余岁高龄的神秀受武则天召请入京，在西安与洛阳之间奔走，开法弘禅，使北宗禅风盛极一时，有"两京法主、三帝国师"之誉。神秀及其北宗禅的崛起，与初唐帝王对佛教的政策和态度有极大的关系。

唐王朝建立之初，攀附老子为祖先，特重道教，对佛教的发展有所限制。唐高祖登基之初，虽曾有立寺造像、设斋行道之举，但对佛教实际上并不支持。当时佛教发展迅猛，佛道论争屡起，太史令傅奕曾上书十一条，对佛教寺院的弊病加以痛斥，并请下诏废佛。沙门法琳等奋起抗争，并作《破邪论》护持佛教。两派势力斗争愈演愈烈，武德九年（626），高祖下诏"沙汰僧尼"，要求"京城留寺三所，观二所，其余天下诸州各皆一所，余悉罢之"。此诏一出，释教大受打击，幸因当年发生"玄武门之变"，此令未及施行而流产。

唐太宗即位后，间有下诏度僧、为亡者立寺、为君亲造福及延僧译经等事，但实出于政治利用的目的，并非诚心奖掖佛法，对佛教的发展仍加以严格限制。如贞观元年（627），太宗曾下敕，对私度僧者处以极刑；贞观十一年，太宗下诏，令道在先佛在后；贞观十九年，玄奘从西域取经归来，太宗对佛教的态度才日渐缓和。唐高宗较信佛法，曾于泰山封禅后，下诏兖州置三寺三观，各州置一寺一观。

下诏迎请神秀入京的武则天是中国历史上唯一的女皇帝，她十四岁进宫，受到太宗宠幸，封为才人。太宗死后，她被遣往感业寺削发为尼，不久被高宗重新召入宫中，集万千宠爱于一身，并坐上了皇后的宝座。由于高宗染病，百官奏事时多让武后裁决。武后精明强干，处事皆宜，深受高宗信任，不久被委以政事，得以权侔人主。为与唐室尊道教为先的政策相对，她特奉释教，大兴佛事，曾诏僧尼居道士女冠前，并敕天下断屠钓八年，又敕天下僧钱造大像，而奖助译经、迎僧入京等事更是不胜枚举。武则天崇佛之最重要的举动，乃是利用《大云经》之符谶，篡唐称帝，并以之为其政权合法化的依据。

麟德元年（664），武后垂帘听政，黜陟生杀，决于其口，大权在握，与高宗共称"二圣"，称"天皇""天后"。唐中宗即位，武后乃图谋篡位，遂大造符瑞图谶，为自己篡位的合法性制造舆论。光宅元年（684），武则天临朝执政。垂拱四年（688）四月，武承嗣伪造"瑞石出洛水"的祥瑞，指使雍州同泰上表，进献书有"圣母临人，永昌帝业"的瑞石。六月，又造瑞石于汜水，并有《广武铭》传世，上书："三六年少唱唐唐，次第还唱武媚娘。化佛从空来，摩顶为授记。光宅四天下，八表一时至。民庶尽安乐，方知文武炽。"暗指武媚娘当为天子，而"摩顶授记"，则暗指《大云经》的符谶。

《大云经》，即北凉昙无谶所翻译的《大方等无想大云经》，经中有两段关于女人做国王的经文。其一说："你们当中，有一天女，名叫净光。佛又对天女说，你今得天身，即以女身，当王国土，得转轮王。你于此时，实是菩萨，现受女身。"其二云："净光为了众生，现受女身。诸位大臣该奉此女以继王嗣。女王承正，威伏天下。善男子们，这位女王，未来之世，自当作佛。"

载初元年（690）七月，沙门怀义、法朗等造《大云经疏》，添油加醋，把女王与武后联系起来，自陈符命，说武则天是弥勒下生，当代唐为国主。武后龙心大悦，在天下颁布《大云经》，下令在两京与诸州建大云寺，藏《大云经》，由佛僧升座讲解。

此后，在薛怀义的策划下，印度僧菩提流志又进奉由其翻译的《宝雨经》。此经在南朝梁代曾由扶南僧人曼陀罗仙翻译。菩提流志翻译的《宝雨经》中加入了以下经文："那时东方有一天子，名叫日月光，乘五彩云来佛地拜访。佛对那天子说，我涅槃后，佛法即将毁灭时，你将在东北方的大中国，实是菩萨，故现女身，为自在主，经由多岁，正法教化，养育众生，犹如赤子，令修十善，建立寺塔，又以衣服、饮食、卧具、汤药供养沙门。"

《大云经》《宝雨经》中"女身"菩萨为王的记载，使武则天名正言顺地登基坐上了皇帝的宝座。据《旧唐书》卷六之《则天皇后本纪》记载，武则天在称帝后，特别尊崇佛教，改变以往把道教置于佛教之前的政策，"令释教在道法之上，僧尼处道士女冠之前"。武则天革了唐朝的命，一批沙门诣阙呈佛记，盛言神皇受命之事，为武则天称帝奔走驱驰。加之李唐因为自己姓李而高抬道教，武周既然革了李唐的命，自然把开革命之阶的佛教升至道教之前。她不仅下令在各地建造大云寺，在洛阳城北造大佛像，还召请各地名僧进京讲经说法。受到她崇信的高僧有翻译八十卷本《华严经》的于阗僧实叉难陀，有从印度求法而归的义净，有翻译《宝雨经》的印度僧菩提流志，还有华严宗的正式创始人法藏等。在玉泉寺收徒授法，声名卓著的北宗禅教主神秀也是其中之一。

久视元年（700），听闻神秀盛名，武皇派遣使者迎请神秀入东都洛阳。这一年，神秀已是九十五岁高龄。当时，尚方监丞、左奉宸内供奉宋之问为隆重迎接神秀，写有《为洛下诸僧请法事迎秀禅师表》上奏，奏章中并建议"焚香以遵法王，散花而入道场"，以隆礼迎神秀入城。

大足元年（701），神秀来到东都洛阳，立即受到武则天的隆礼召见。其所受到的崇高礼遇，据张说《大通禅师碑铭》载：

> 趺坐觐君，肩舆上殿，屈万乘而稽首，洒九重而宴居。传圣道者不北面，有盛德者无臣礼，遂推为两京法主、三帝国师。仰佛日之再中，庆优昙（优昙是一种花名，据说盛世方开）之一现。混处都邑，婉其秘旨。每帝王分坐，后妃临席，鹓鹭（比喻排列有序的百官）四匝，龙象（喻称高僧大德）三绕……

《传法宝纪》亦载：神秀受到皇帝的礼敬供养，"授戒宫女，四会归仰，有如父母焉。王公已下，歘然归向"。《宋高僧传·神秀传》记述：则天太后召神秀入京，"肩舆上殿，亲加跪礼。内道场丰其供施，时时问道……王公以下、京邑士庶，竞至礼谒，望尘跪拜，日有万计"。

以上史书记载，共同印证了神秀当时在京城所受的崇高敬仰：神秀见到武后时不必起立致礼，可以乘轿舆上殿，接受皇帝的礼拜。武则天以一国之尊，不计君臣之别，对神秀稽首礼敬，亲加跪礼。神秀被安置于内道场中即皇宫内供养，武皇时时向他问道。每当神秀传禅说法之际，帝王引之并坐，后妃亲自临席，周围王公大臣、高僧大德层层围绕。神秀德高望重，佛法高妙，在朝廷受到的优遇无以复加。武则天曾亲自下诏，在神秀住过的当阳玉泉寺修造度门寺，在他的故乡尉氏县故宅修建报恩寺，以表彰神秀之懿德。

皇室对佛教的特殊崇信，造成了一种强大的能够左右人们精神和舆论的社会氛围，于是王臣贵族和一般平民百姓也争相仿效。佛教信仰兴盛一时，京城中道俗对神秀等高僧的崇拜几近炽热，对其皈依景仰更是盛况空前。难怪当时王公以下及京邑士庶竞相来谒见神秀，望尘拜伏，日有万计。撰写《大通碑》的张说，当时位居中书令，以擅长文辞著称，对神秀也执弟子之礼，礼敬有加。

神龙元年（705），中宗即位。中宗复唐后，在位五年，对佛教可谓全心护持，可以算是护持佛教的模范帝王。他曾令天下各州置一寺一观，名为"大唐中兴（寺、观）"，后更名"龙兴"。中宗对神秀也更加礼敬。自武则天久视年间应请入京，神秀受供内廷，指点王公，弘扬禅法，往来长安、洛阳两京，历经武后、中宗、睿宗三帝，圣敬日崇，朝恩代积，被尊奉为"两京法主、三帝国师"。

据《宋高僧传》记载，神秀不仅佛法高妙，而且"于悬记未然事，合同符契"，即指神秀对未发生之事，总能预测准确，获得印证，具有未卜先知的本领。例如：武后长安年间（701~704），神秀住长安资圣寺，曾告诫弟子小心烛火，暗示钟楼与经藏被焚，后来资圣寺果然发生大火，一如神秀的预警。还有唐玄宗做藩王时，曾留施一笛，神秀召弟子谨掌此笛，命其有要事时当献上，等到玄宗登帝位，弟子才明白神秀的意思。

神秀入京弘法、声动两京之时，惠能也在韶阳（广东）曹溪大振禅风。神秀并未忘却同门之谊，他曾数次向武皇举荐惠能，说惠能的道行远在自己之上。武则天于是多次遣使拜请惠能北上，不想均被婉拒。神秀于是亲自修书邀请，惠能以"吾形不扬，北土之人见斯短陋，或不重法。又先师记吾以岭南有缘，且不可违也"。再度拒绝了他的邀请。两人一南一北，二宗宗风相异，神秀力主渐悟之说，惠能则主顿悟，故禅史上有"南顿北渐"之称。

神秀年事已高，久居朝阙，虽然受到上至皇室、下至百姓的一致敬仰，但毕竟是"迹远俗尘"的一代禅师，对自由自在的山居禅修生活充满留恋，以致"屡乞还山"，但未能如愿。据《楞伽师资记》记载，长安四年（704），神秀再次要求还乡。中宗新近复位，正需要拉拢佛教各宗代表人物，敕曰："禅师迹远俗尘，神游物外，契无相之妙理，化有结之迷途，定水内澄，戒珠外彻。弟子归心释教，载伫津梁，冀启法门，思逢道首。禅师昨欲归本州者不须，幸副翘仰之怀，勿滞粉榆之恋。"表面看来，对神秀评价很高，实际上则暗示朝廷尚有用得着他的地方，因此回乡之事以后无须再提。

神秀多次要求离宫还山，却屡屡被拒。从以上中宗的敕书来看，也反映了唐王室对神秀的基本态度。武则天改号称帝，薛怀义等佛教人士大造舆论，为武皇顺利登基出了大力。神秀等佛教代表人物之所以能够受到皇室的如此礼遇，正如杨曾文先生在《唐五代禅宗史》中所说："武氏新政权要想维系稳定，收络人心，取得全国佛教教徒的拥护和支持，就要拉拢扶持各宗代表人物，所以神秀的被召入宫，的确含有深意。神秀所受的礼遇，确实半是羁縻，半是利用。"

三、百岁入灭示寂天宫

神秀入京六年，到唐中宗神龙二年（706）二月二十八日，因年高老迈，于洛阳天宫寺示寂，享寿百余岁。由于神秀自己向来不说年龄，人们不知其详。据学者研究，从隋炀帝大业元年（605）出生，到唐中宗神龙二年示寂，神秀享寿一百零二岁。神秀坐化后，朝廷册谥为"大通禅师"，这也是皇帝赐僧人谥号之始。据说神秀临终前曾留有三字遗嘱，分别为"屈、曲、直"，此三字出自《大智度论》："蛇行性曲，入筒即直；三昧制心，亦复如是。"

神秀去世时，长安城万人痛哭，送葬僧俗，数逾十万。当时皇帝所赏赐的哀荣，一时无比，除赐谥"大通禅师"外，中宗亲自送葬至洛阳午桥，并下诏于嵩阳之辅山顶为其造十三级浮屠，宣太子洗马卢正权护送神秀遗体归当阳玉泉寺，在度门寺置塔安葬。睿宗时又赐钱三十万对安葬神秀的寺塔进行扩建。朝廷还为他建立三座大寺以作纪念，一在西京长安"相王旧邸造报恩寺"，一在荆州当阳山置度门寺，一在他的出生地陈留尉氏置报恩寺。其丧礼在皇室的主持参与下，办得极其豪华荣耀。当时，"羽仪法物，送殡于龙门"；京洛士庶皆来送葬，"服师丧者，名士达官不可胜纪"。岐王李范、燕国公张说、征士卢鸿各撰碑铭，纪念神秀的生平事迹。

神秀所讲的禅法，经由其弟子广为弘化，兴盛于长安、洛阳一带，后世称其法系为北宗禅。其法运昌隆约一百年，成为统治阶层承认和肯定的官方禅，菩提达摩法系亦在诸禅系中被公推为正宗。北宗门庭隆盛一时，神秀也被尊为北宗禅之祖，张说《大通碑》即称他是达摩的第六代传人。张说所列的传法世系如下：一达摩—二慧可—三僧璨—四道信—五弘忍—六神秀。其弟子普寂并以神秀为达摩一宗的正统法嗣，立其为第六祖而自称为第七祖。楞伽宗世系中，神秀则为七祖。其后惠能弟子菏泽大师神会和尚在滑台无遮大会指斥普寂伪造传法世系，并杜撰了其师惠能和尚半夜得弘忍传法袈裟的故事，指责北宗"师承是傍，法门是渐"。因帮助肃宗皇帝筹集军饷有大功于朝廷，惠能和尚后被立为禅宗六祖。到唐武宗会昌灭佛，北宗迅速衰落，史载"其法流仅数代即衰微"。

四、法脉传衍禅法东渐

神秀振锡于北方，又称"北秀"，门下俊秀辈出，人才济济，有"升堂七十，味道三千"之说，被尊为北宗禅之祖。《景德传灯录》卷四记神秀法嗣有十九人，分别为嵩山普寂、嵩山敬贤、西京义福、玉山惠福、大福、小福、五台山巨方、兖州降魔藏、河中府中条山智封、寿州道树、淮南都梁山全植、郢州大佛山香育、东京日禅师、太原遍净、南岳元观、汝南杜禅师、晋州霍山观禅师、润州茅山崇珪、荆州辞朗，其中，又以义福、普寂、敬贤、惠福四大弟子为首。

神秀死后，四大弟子均受到帝室官僚的优厚礼遇，声名显赫，成禅宗一时之盛。《楞伽师资记》记时人称颂四人所传的禅法曰："法山净，法海清，法镜朗，法灯明。宴坐名山，澄神邃谷；德冥性海，行茂禅林；清净无为，萧然独步；禅灯默照，学者皆证心也。"即指四人所传的禅法如同高山大海，高深而清净，如同明镜灯火，清朗而明亮；他们在名山深谷中安心修行，通过禅观领悟自性，以笃践实履之精神修行禅法，达到清净无为境地；远近学者从他们受法，致力自悟心性以达到解脱。

神秀的四大弟子均为追随神秀十几年而得到付嘱亲传的。四人中又以义福和普寂享有盛名。二者皆继神秀之后，继续弘扬神秀的禅法，深受宫廷与僧俗道众的崇敬，被唐室尊为国师，时人誉为"两京法主、三帝国师"。据《宋高僧传·义福传》载：

神秀禅门之杰，虽有禅行，得帝王重之无以加者，而未尝聚徒开法也。洎乎普寂，始于都城，传教二十余载，人皆仰之。

可见两京之间皆宗神秀，其弟子大力弘化之功不可没。他们以长安、洛阳为中心，广收门徒，大振北宗门风，使北宗禅在近百年间成为官方肯定的禅法正统，使神秀一系法脉传衍几与唐代盛世相始终，并将此宗禅法远播至日本、韩国等地。以下对神秀法脉之四大弟子加以简要介绍。

西京义福

义福（658~736），俗姓姜，潞州铜鞮（今山西长治）人。自幼仰慕空门，对佛教心存敬畏。其母殁后，义福遵母遗训出家。与神秀的经历相似，义福也可谓"读万卷书，行万里路"，年刚过十五，即游历于卫、邺等地。不仅喜好《老》《庄》《书》《易》等道家、儒家经典，对《法华》《维摩》等大乘经典也读不释卷，曾于汝南中灵泉寺读经。此后，义福至东都洛阳福先寺，师事杜朏法师，广习大乘经论。后听说嵩岳大师法如开演不思议法门，义福心生信重，日夜兼程赶到法如道场，"既至，而如公迁谢，怅然悲愤，追践经行者久之"。义福三十二岁时才落发受具足戒。法如入灭，义福辗转到荆州玉泉寺拜谒神秀，居约十年，尽得神秀心法，可谓其嫡传弟子。神龙二年，神秀在洛阳天宫寺示寂，唯有义福"亲在左右，密有传付，人莫能知"。此年，义福应邀至长安，居蓝田终南山化感寺，栖置法堂，宴居修禅，"外示离俗，内得安神"，一心弘扬神秀禅慧之业，二十余年未出寺门。而不远千里来求道者，更是"腾凑物心，延袤山谷"，其中不乏"负才藉贯，鸿名硕德"的"息心贞信之士，抗迹隐沦之辈"。开元十年（722），义福徙居京城慈恩寺，声誉日隆，所谓"道望高峙，倾动物心"。次年，玄宗东巡河洛，义福受请赴都，居西京福先寺。一路之上，特别是途经蒲、虢二州时，刺史及官吏、士女，皆赍华幡迎接，信众之多，乃至路途充塞，都纷纷礼拜，争相一睹大师真容。十五年（727）放还京师。二十二年（734），玄宗再次令其入西京，居南龙兴寺，其影响更甚，有"靡然向风者，日有千数"的记载。二十四年，义福圆寂，享世寿七十九岁。

义福卒后，葬于龙门奉先寺北冈。义福在两京之间深孚威望，有国师之尊，其葬礼十分隆重。玄宗不仅为其赐谥为"大智禅师"，并"灭仪法事，尽令官给"。为其送葬者，更有数万人之巨，有"缙绅缟素者数百人，士庶丧服者有万计。自鼎门至于塔所，云集雷动，信宿不绝"的记载。中书侍郎严挺之执弟子之礼，躬行丧服，并撰有《大智禅师碑铭》。

义福佛法高妙，品行高洁，影响极大，一则在于他是武则天、睿宗、中宗"三帝国师"——神秀的嫡传弟子，此外，唐玄宗的优厚礼遇更让他名满两京，当朝权贵、上流士人纷纷礼敬，缙绅士庶翕然皈依，兵部侍郎张均、太尉房管、礼部侍郎韦陟即对其倍加信服尊崇。据说某日义福升堂讲法，张均、房管、韦陟等均到场听讲。义福开口即说自己即将归寂，与众弟子诀别。张均听后，对房管窃语：自己多年来服食金丹，特别忌讳丧葬等话语，大师现在等于临终诀别，实在不敢久留。说完后张均悄然离开，并没有引起别人的特别注意。这时，义福仿佛未卜先知，对房管说："你和张均交游日久。他将来会犯非同寻常之错，名节皆亏。如果能稍微忍耐，听完法会，或许可以免除灾祸。实在可惜了！"接着他又握着房管的手，预言说："你将来必定成为朝廷的中兴名臣！"安史之乱，张均被擒，接受了安禄山所封官职。而房管誉赞两朝，气节凛然。他们的结局，最后都应验了义福当初的预言。

义福乃一代名僧，也被时人认为是禅法的正宗传人。严挺之《大智禅师碑铭》即对禅宗世系总结说："禅师法轮，始自天竺菩提达摩。大教东流，三百余年，独称东山学门也。自可、璨、信、忍至大通，递相印属。大通之传付者，河东普寂与禅师（义福）二人，即东山继德，七代于兹矣。"根据以上所列传法世系，严挺之认可神秀为达摩以来六祖的说法，并将普寂、义福共推为禅宗七祖，即认为禅宗传法世系为：一达摩—二慧可—三僧璨—四道信—五弘忍—六神秀—七普寂、义福。

神秀弟子中，义福以禅慧名世，虽开演颇多，但记载其本人思想及言论的文献甚少。据载，义福修禅，讲求苦乐随缘、任运自在、无所怨行，即所谓的"摄念虑，栖榛林，练五门，入七净，毁誉不关于视听，荣辱岂系于人我？或处雪霜，衣食罄匮，未尝见于颜色有厌苦之容"。其禅修内容似未出以上所载之"练五门""入七净"。所谓"练五门"即是宗密于《圆觉经大疏钞》中所述北宗的"五方便门"，即第一总彰佛体，第二开智慧门，第三显不思议法，第四明诸法正性，第五自然无碍解脱道。此将在后章详述。而所谓"入七净"，则出自《维摩诘经》之《佛道品》中鸠摩罗什对"七净华"的注。鸠摩罗什谓"七净"为：（1）戒净，即身口所作，无有微恶，意不起垢，亦不取相，亦不愿受生；（2）心净，三乘制服烦恼心、断结心，乃至三乘漏尽羽；（3）见净，即见法真性，不起妄想；（4）度疑净，即见解深透而断除疑惑；（5）分别道净，即善能分别是非，合道宜行，非道宜舍；（6）行断知见净，证得无学尽智、无生智者，能知见所行、所断，而通达分明；（7）涅槃净。

从义福所修"五门""七净"来看，义福禅法乃承自其师神秀之"拂尘看净"、去妄存真的渐修之法，与旁然无顾、率性直性、直探心源的顿修之法迥然相异。《大智禅师碑铭》曾说他"苦身励节""律行贞苦"，并留给其徒众以下训诫："道在心不在事，法由己非由人，当自勤力，以济神用。"这一训诫，杨曾文先生认为"完全是神秀'时时勤拂拭，莫使惹尘埃'的翻版，汲汲于摄心息妄，刻意去炼法修心"。严挺之以皇家贵族之立场，对其言行盖棺定论，评价是："苦己任真，旷心济物；居道训俗，不忘于忠孝。"

义福的嗣法弟子很多，《景德传灯录》卷四列有八人，分别为大雄猛禅师、西京大震动禅师、神斐禅师、西京大悲光禅师、西京大隐禅师、定境禅师、道播禅师、玄证禅师，具体事迹不详。此外，见于碑塔铭记的另有智通禅师、比丘尼惠源、优婆夷未曾有等人。

嵩山普寂

普寂（651～739），俗姓冯，祖居长乐信都（今河北冀县），后移居蒲州河东（今山西永济县）。普寂年轻时曾到大梁（今河南开封）、许昌一带游学，博习《书》《经》《周易》等儒家史籍，出于对佛教的敬仰，后弃俗求道，先后从大梁的壁上人学《法华经》《唯识论》《大乘起信论》等，又从东都端和尚受具足戒，跟南泉的景和尚学习戒律。在探究佛教真理的过程中，普寂深觉佛教义理、戒律等为文字所缚，遂隐居嵩山半岩，"布褐一衣，麻麦一食"，曾欲投嵩山少林法如禅师，但尚未到达，听说法如已死，"追攀不及"，转而礼谒当阳玉泉寺神秀为师。在神秀门下学习和修行六年（一说七年），"神秀奇之，尽以其道授焉"。久视元年，神秀应武则天召请入东都，遂推荐普寂正式受度为僧。长安年间，普寂被派往嵩山南麓的嵩岳寺，在此修行和传法，声名渐著。

神秀去世之后，普寂声名更隆，不仅天下崇信佛教者争相以拜他为师为荣，皇室对他也特别尊崇。据李邕《大照禅师塔铭》记载，神龙二年，神秀去世之后，唐中宗派考功员外郎武平一到嵩岳寺宣诏，盛赞普寂"夙参梵侣，早篷法筵，得彼髻珠，获兹心宝。但释迦流通之分，终寄于阿难；禅师开示之门，爰资于普寂。宜令统领徒众，宣扬教迹，俾夫聋俗咸悟法音"。《宋高僧传·普寂传》中也说：鉴于神秀年事已高，中宗"特下制，令普寂代本师统其法众"。中宗命普寂"统领徒众""代本师统其法众"，即令其继承神秀统辖其法系的僧众，也就是北宗僧团，继承了神秀的国师地位。

唐开元年间（713～741），普寂继续受到玄宗推重。开元十三年（723），诏令住洛阳的敬爱寺。开元十五年，唐玄宗将幸东都，诏义福随驾，而特命普寂"留都兴唐寺安置"。此后，他以兴唐寺为中心向僧俗信众传授禅法，引导学人通过"摄心"坐禅，"总明佛体"，"了清净因"，摆脱烦恼达到觉悟。其地位之高，名声之大，财势之雄厚，正如李邕所撰《大照禅师塔铭》所说："由是法云遍雨……闻者斯来，得者斯止。自南自北，若天若人，或宿将重臣，或贤王爱主，或地连金屋，或家蓄铜山，皆毂击肩摩，陆聚水咽，花苶拂日，玉帛盈庭。"李邕甚至将普寂与创开元盛世的玄宗相比附，在《大照禅师塔铭》中记载："四海大君者，我开元圣文神武皇帝之谓也；入佛之智，赫然为万法宗主者，我禅门七叶大照和尚之谓也。"足见普寂其时声望之高，时人曾夸赞："普寂禅师，名字盖国，天下知闻，众口共传，不可思议。"

开元二十七年（739）八月二十四日，普寂在洛阳兴唐寺圆寂，世寿八十九岁。玄宗赐谥"大照禅师"，令归葬嵩岳寺。诏书中评价普寂"资于粹灵，是为法器，心源久寂，戒行弥高……宜稽其净行，锡以嘉名，示夫净来，使高山仰止，可号大照禅师"。中宗以后，普寂享有国师之誉，一直是两京禅宗的领袖，也是全国禅众的一面旗帜，至其出丧之日，可谓盛况空前。据《宋高僧传》卷九载：士庶"倾城哭送，闾里为之空焉"。河南尹裴宽是普寂的在家弟子，丧礼之上，与其妻子更是"并缞麻列于门徒之次"。《大照禅师塔铭》亦载："金棺发轫，卤簿启行。或两都倾城，或四方布路。持花者林指，执绋者景移。三条之中，泣泪如雨；重城之外，号叫若雷。彩云二时，自都达岳；白露数里，弥川偏空。"该碑文以极其夸张的笔法，描述了普寂丧礼的隆重。

普寂师事神秀时，曾充当僧使，勤勉刻苦，常能为他人所不能为，因而深得神秀器重，将其禅法悉数传授给了他。据载，神秀所教授的心法是："良马易进，良田易平。加之思修，重之勤至。宝镜磨拂，万象乃呈。玉水澄清，百丈皆见。衡山之石，更悟前身，新丰之家，自然本处。"普寂根据此心法，又进一步体悟禅法为："心无所存，背无所倚；都忘禅睡，了悟佛知。"其禅法的重要理论依据，正是神秀曾吩咐普寂读过的《思益梵天所问经》和《楞伽经》。这两部经，前者宣讲般若空理，后者宣述如来藏自性清净心。神秀曾对普寂言及两经，所谓"此两部经，禅学所宗要者。且道尚秘密，不应眩曜"。开元十五年，唐玄宗在诏书中对普寂的禅法大加赞颂，很好地总结了普寂的禅法思想。诏书中说：

> 其始也，摄心一处，息虑万缘，或刹那便通，或岁月渐证。总明佛体，曾是闻传；直指法身，自然获念。滴水满器，履霜坚冰。故能开方便门，示直宝相；入深固藏，了清净因；耳目无根，声色亡境；三空圆启，二深洞明。

在普寂看来，修习禅法，应当摄心于一处，息虑万缘，对境不起，经过"磨拂""看净"的禅修过程，便可以"刹那便通"，或者"岁月渐证"，即认为可以先渐修而后顿悟，也可以先顿悟后渐修，所谓"开顿渐者，欲依其根"。他认为，众生对佛法的证悟有顿渐之别，而证悟者的顿渐之别，则全凭众生根机的不同。经过学习经论，总明佛体之所在，便可直指法身，自然获念。六根不为诸境所惑，了知佛体在心中，这是一个自识本性的修习过程，这一过程，如"滴水满器，履霜坚冰"。与神秀禅法相比较，这一说法更加具有新意，但显然仍是神秀思想的延续，显示的是地道的北宗禅系风格。

与义福一样，普寂也注重戒律在禅修中的作用。普寂弃俗从道、转入禅门之时，即已经深刻认识到戒律的作用，曾说："文字是缚，有无是边，盍不以正戒为墙，智常为座？"据《大照禅师碑铭》记载，普寂圆寂时曾有遗训，大力推崇戒律的作用，坚持传统佛教中的禅戒双修，强调了戒律对于管理当时禅众、僧团的重要性和必要性。他说："尸波罗蜜（持戒）是汝之师，奢摩他（禅定）门是汝依处。当真说实行，自证潜通。不染为解脱之因，无取为涅槃之会。"即说应当重视持戒和修习禅定，做到断除烦恼的"不染"和舍弃取舍意向的"无取"就能达到解脱。作为一代国师、两京禅学领袖，普寂对持戒的重视不仅言传，而且身教，《宋高僧传》载其"严重少言"，即说他性情凝重，持戒清慎，从不张伐其德，"远近尤以此重之"。

自中宗时起，普寂代其师统摄禅门，在两京之间广行弘化，三十余年间，与义福一道，使"两京之间，皆宗神秀"，其禅门一时大盛。据李邕《大照禅师塔铭》记载，普寂的门徒较义福更多，所谓"摄之孔多，学者弥广"，但"所付诸法，不指一人"，并记其有大弟子慧空、胜缘等。北宗门人独孤及于大历七年（772）所作的《舒州山谷寺觉寂塔隋故镜智禅师碑铭并序》中载，普寂"门徒万人，升堂者六十有三"。《景德传灯录》载有普寂法嗣二十四人，《宋高僧传》也有补载。根据两书的记载，普寂法嗣有终南山惟政、广福慧空、常越、襄州夹石山思公、明瓒、敬爱寺真、兖州守贤、定州大象定真院石藏、南岳澄心、南岳日照、洛京同德寺干、苏州真亮、瓦棺寺璇、弋阳法融、广陵演、陕州回銮寺慧空、洛京广爱寺真亮、泽州亘月、亳州昙真、都梁山崇演、京兆章敬寺澄、嵩阳寺一行、京兆山北寺融、京师大安国寺楞伽院灵着、少林寺同光、敬爱寺法玩、曹州定陶丁居士等人。其侄坚意曾任嵩岳寺寺主。

普寂的弟子中，最著名的是一行。一行（683~727），唐密宗高僧，历史上著名的天文历法学家，俗名张遂，魏州昌乐人，少聪明，博览经史，强记非凡。初从普寂习禅，尤精历象、阴阳、五行之学。开元三年（715），奉唐玄宗敕入禁廷。九年，撰成《大衍历》九卷。十一年（723），制成黄道仪。善无畏东来，一行从其学习密教，并参与译经，曾奉敕助善无畏译出《大毗庐遮那成佛神变加持经》（《大日经》）并为之疏解，撰《大日经疏》。后遇金刚智，受秘密灌顶，成为中国密宗理论的真正奠基者。十五年，于华严寺示寂，赐谥"大慧禅师"。一行出家剃染，即以普寂为师，临终之前又曾到嵩山谒礼本师，可见受普寂的影响之大。

普寂的禅法在开元年间盛极一时，并传至朝鲜、日本。神行禅师（704~779）是在朝鲜传布北宗禅法的代表人物，其师为长安唐兴寺和尚志空，而志空正是普寂的入室弟子。日本奈良朝（710~794）时，由中国传入了所谓的"古京六宗"，但其中并无禅宗。真正将禅宗传入日本的，是洛阳大福先寺沙门道璇（702~760）。道璇是大福先寺定宾律师的弟子，又是普寂禅师的弟子，曾从普寂学禅法和华严宗教义，道璇所传禅法即北宗禅。开元二十四年（736），他应日本荣睿、普照之请东渡日本，兼弘律学、华严宗和北宗禅法，是禅法传入日本初期之重要人物。日本师炼《元亨释书》卷十六有《道璇传》传世。

在当时全国禅门派系中，普寂宗系势力之强，被形容为"名字盖国，天下知闻"，并将其与唐玄宗相提并论。宗密曾写道："能大师灭后二十年中，曹溪顿旨，沉废于荆吴；嵩岳渐门，炽盛于秦洛。普寂禅师，秀弟子也，谬称七祖，二京法主，三帝门师；朝臣归崇，敕使监卫。雄雄若是，谁敢当冲。"普寂一脉势力之大由此可见一斑。

自武则天迎弘忍门徒入京，历中宗、睿宗两朝，神秀一支地位独尊，北宗也一直被钦定为禅宗正统。神秀死后，义福控制两京，居于洛阳的普寂势力更盛。开元以来，普寂更被视作北宗嫡传，号称七祖。据《大照禅师碑铭》记载，开元二十七年（739），普寂示寂前曾对弟子明确诲示："吾受托先师，传兹密印。远自达摩菩萨导于可，可进于璨，璨钟于信，信传于忍，忍授于大通，大通贻于吾，今七叶矣。"在普寂向弟子宣述自达摩以来的传法世系中，他自认为是继菩提达摩—慧可—僧璨—道信—弘忍—神秀之后的第七世。显然，以他为首的北宗当然是继承达摩禅法的正统法系，而这一点也获得了官方的认可。唐中宗曾下诏，于嵩岳寺为神秀追造十三级浮图，并敕令普寂统率僧众，都表明了普寂的帝师身份。李邕撰《嵩岳寺碑》，列菩提达摩以来的传承，以"忍遗于秀，秀钟于今和上（尚，下同）寂"。这些都是当时社会舆论的反映。著名诗人刘禹锡曾作文，说中夏之中"言禅寂者宗嵩山"。而在唐宋的佛典中，嵩山即是指由普寂继承的神秀禅系。

神秀、惠能一北一南，分弘东山法门，二人虽然为北南两宗的首导，但北南二宗的分立及激烈论战却发生在二人先后去世之后，北宗的普寂和南宗的神会为其代表人物。其时普寂以禅门七祖自任，以他为首的北宗受朝廷尊崇，声势显赫。惠能的弟子神会北上，与北宗僧人进行争论，提出北宗"师承是傍，法门是渐"。南北二宗公开争论，并终至南宗取代了北宗的地位，从此改写了中国禅宗史。关于详细情况，将在后章详解。

嵩山敬贤

敬贤（660～723），也作景贤。俗姓薛，汾阴（今山西宝鼎）人，世为著族。据载其"容貌秀伟，见者肃然，幼而神明，周览传记"。年二十出家，曾问道于智宝禅师，被告知神秀在当阳玉泉寺传法，遂日夜兼程前往投师，从神秀受法。神秀"克荷相许，付宝藏，传明灯"。唐中宗时，景贤应诏入洛阳传法。此后，或在都城，或到外地传授禅法，道誉驰名，其传法地域之广、信众之多，有"化自南国，被乎东京，向风靡然，一变于代"之说。开元十一年，景贤于嵩山会善寺圆寂，年六十四岁。大师圆寂后，皇帝曾"追怀震悼，赐书塔额，署曰报恩"；其弟子为其起塔勒碑，至今仍存，铭文《嵩山会善寺故景贤大师身塔石记》至今可见。据载，其门下弟子有法宣、慧巘、敬言、慧林等。

景贤坐化之会善寺位于今河南登封县嵩山太室之西南麓积翠峰下，与少室山少林寺、嵩岳寺等并称为嵩山之名刹。北宋开宝五年（972），嵩山会善寺重修佛殿，留有碑文。据碑文所载，本寺原为北魏孝文帝夏季之离宫，其后捐为佛寺，隋开皇年间（581~600）改名为会善寺。但据后魏神龟三年（520）七月会善寺浮图铭、北齐武平七年（576）之会善寺碑等所载，会善寺之名自隋以前即存。到了唐代，此寺禅僧云集，往来颇多。除《嵩山会善寺故景贤大师身塔石记》载景贤大师开元十一年示寂于本寺外，《金石萃编》卷七十七另收有《大唐嵩山会善寺故大德道安禅师碑》，文载道安曾与惠能、神秀等人同在五祖弘忍座下习法，得禅要后，游历诸方，道誉颇高，屏居于会善寺，其后示寂于景龙二年（708）。有学者推测此"道安"可能是《宋高僧传》卷四所载之"慧安"，其法嗣中之净藏为惠能之弟子，亦即后人尊之为七祖者，示寂于天宝五年（746）。据说，普寂弟子一行禅师及元同律师曾在本寺设立五佛正思惟戒坛，一时严净，号称洛域第一，只是其后几经沉浮，渐趋衰微。

玉山惠福

《楞伽师资记》将蓝田玉山惠福位列神秀四大弟子之一，

但事迹不详。有学者推测，惠福或许就是《景德传灯录》卷四所载的"京兆小福禅师"。小福禅师门下弟子列有三人，分别是京兆蓝田深寂、太白山日没云、东白山法超。

唐中期以后，南北两宗经过长期论战，南宗终于取代北宗的地位，并由此改写了中国禅宗史。宋代以来的禅史灯录，即基本以南宗谱系来写。惠能一系备受推崇，日后由此宗衍流而兴起的五家七宗禅的大肆弘传，更使曾经盛极一时的神秀一系几近湮没，弘忍门下的传禅之史亦被修正。由于北宗典籍传世很少，而南宗所传典籍中对北宗禅法的记载不免有许多不符史实之处，致使人们长期以来对神秀一系有所曲解。经过学者们多年的潜心研究，渐渐揭开了早期禅宗发展的部分历史真相。

有学者经过细心检索，钩稽出了北宗神秀法脉的传承图，并发现神秀一系作为北宗的主脉，徒众繁衍，几与唐室相始终，即便是安史之乱后，其法脉还延续了百年之久。王缙撰《东京大敬爱寺大证禅师碑》载："诣长老大照（普寂），醒迷解缚……大照既没，又寻广德大师……大通传大照，大照传广德，广德传大师（昙真）。一一授香，一一摩顶，相承如嫡，密付法印。"碑文中所载之敬爱寺昙真（704～763），是北宗第四代弟子，是玄宗、肃宗、代宗三朝的国师，代宗大历二年（767）谥曰"大证禅师"，也是目前资料可见的北宗最后一位国师。昙真起初曾参诣普寂，受其开示，普寂灭后，昙真拜普寂弟子广德为师，最后从广德处继承北宗法脉。昙真门下有所谓"十哲"。唐朝的密宗大师惠果（752～805）的行状载其："幼年九岁，便随圣佛院故三朝国师、内道场持念赐紫沙门讳昙真和尚，立志习经。"可见密宗大师惠果幼年曾从昙真习经，而昙真为三朝国师之事，亦由此可知。北宗门人独孤及（725～777）于大历七年（772）所作的《舒州山谷寺觉寂塔隋故镜智禅师碑铭》中言及普寂的弟子弘正"或化嵩洛，或之荆吴"，说明在大历初期，北宗普寂门下的弘正一支势力仍很大，几乎又将以往南北分宗时各自的弘法地盘重新统一起来，可见影响极大。《宋高僧传》卷九《崇珪传》载："开成元年（836），赞皇公摄冢宰，宗秀之提唱（倡），获益明心者多矣。"说明直到唐文宗开成年间（836~840），仍有北宗僧人活跃于嵩洛地区。大中五年（851），唐宣宗召荐福寺僧弘辩禅师入殿，问"禅宗何以有南北之名"及"顿渐之别"，反映北宗在当时仍有相当影响。

神秀北宗禅的法脉不仅在当时的中原地区绵延不绝，也流传到日、朝、西藏等域外之地。日本著名的传教大师最澄（767~822）具有北宗禅的传承，是神秀的四传弟子，其所作《内证佛法相承血脉谱》之《达磨大师付法相承师师血脉谱》"道璇和上"条可证，其中提及："昔三藏菩提达摩，天竺东来，至于汉地，传禅法于慧可，可传僧璨，璨传道信，信传弘忍，忍传神秀，秀传普寂，寂即我律师所事和上也。"文中所言的律师是指道璇。道璇师事普寂，于日本圣武天皇天平八年（736）前往日本传授禅法，名声很大，不仅被请为律师，且门徒众多，其中之一名叫行表，最澄之北宗禅法即传自行表。

朝鲜的神行（704~779），又作慎行、信行，是神秀北宗的四传弟子。据唐金献贞《海东故神行禅师之碑并序》记载："（神行）遂就于志空和上，和上即大照禅师之入室……（神行）为道根者，诲以看心一言，为熟器者，示以方便多门；通一代之秘典，传三昧之明灯。"可知神行入唐时曾就学于普寂的弟子志空和尚，教授的禅法要点是"看心""方便"等，与神秀的北宗禅可谓一脉相承。神行回到朝鲜后，门下弟子收有遵范、慧隐、道宪等人，其中道宪是朝鲜禅宗九山之一——曦阳山派的开山祖师，可以算是神秀的六传弟子。

在西藏传禅的摩诃衍，曾师承多位北宗禅师，又师事南宗禅师，除了将北宗禅法传播到西藏外，也被认为是南北禅法调和的重要人物。据《顿悟大乘正理决》记载，摩诃衍的师承为："摩诃衍依止和上，法号降魔小福张和上准仰大福六和上，同教示大乘禅门。"引文中所提及的降魔与小福，即神秀的弟子——兖州降魔藏与京兆小福禅师。而"张和上准仰大福六和上"指的是哪几位禅师，学者们的解读可谓仁者见仁、智者见智。

柳田圣山认为：小福张和尚及大福六和上，分别是蓝田玉山惠福禅师与长安兰山义福禅师。饶宗颐也同意大福即义福禅师，但认为小福为京兆小福禅师，同时，饶氏还提出敦煌写本中"准仰"作"惟仰"，似是人名，且据他的猜测，张和上即是南诏张胜温图中次于神会之下的张和上唯忠。杜继文以神秀门徒中没有被称作"六和上"的人，否定大福就是神秀的弟子，进而否认摩诃衍为神秀一门的弟子。但温玉成根据唐陆海《大唐空寂寺大福和上碑》："师族于张，家于津……初于西明寺持五分律，后于南荆州宗大通（神秀）。师默领法印，暗通幽键（径）"的记载，指出大福确有其人，由碑文可证，大福也确实是神秀弟子。但温玉成又提出：小福张和上并非京兆小福，因为"小福张和上"是"准仰大福六和上"的，而"六和上"的"六"字可能是"二"字的误抄。他还将这段字句理解为："摩诃衍依止和上法号降魔小福张和上，准仰大福。二和上同教示大乘禅门。"这样一来，小福张和上法号降魔，并非兖州的降魔藏，而且成了大福的弟子。温玉成的解读破绽颇多，首先"二"误写成"六"的概率不大；其次，没有任何文证可表明小福张和上的法号为降魔；再次，认为小福是大福的弟子，与《景德传灯录》的记载相违。法国汉学家戴密微则认为：这段文句漏列了一个和上，总共应有六个和上。余威德据此提出，文句并未漏列，而应将摩诃衍包括在内，这样一来，这句话就成了："摩诃衍依止和上法号：降魔、小福、张和上、准仰、大福，六和上同教示大乘禅门。"即摩诃衍一共依止过五位和上，其法号分别是：降魔、小福、张和上、准仰与大福。降魔、小福及大福都是有史料可查的北宗禅师，张和上与准仰被认为是南宗系的禅师，摩诃衍师承多门，沟通南北两宗，可以说是促进南北禅法的调和的重要人物。

以上史实表明，从武后开始，到盛唐开元、天宝年间（742~756），弘忍之后，神秀一系成为北方势力最大、范围最广的一宗，北宗禅师的盛名一直高扬两京，京城是当时的禅门中心。可以说：唐代盛世最流行的禅法，是神秀所引领的北宗禅。迨至唐中期，南北两宗论战，北宗势力虽有削弱，但即便安史之乱以后，北宗仍然绵延发展了百年之久。神秀一系的法脉传衍，正如宗密在《中华传心地禅门师资承袭图》中所说的："秀及老安、智诜、道德最著……子孙承嗣，至今不绝。"

第3章

一宗分南北

一、法统之争

自神秀入京开法，历武周、中宗、睿宗及玄宗开元盛世，北宗一系声势浩大，所谓"两京之间，皆宗神秀""北宗门下，势力连天"，并成为当时禅界公认的正统禅学。相较而言，当时惠能的南宗一系可谓默默无闻。然而谁也不曾料到，一百年后，曾经显赫一时的北宗基业竟然灰飞烟灭，而柳宗元《赐谥大鉴禅师碑铭》高唱的"今布天下，凡言禅，皆本曹溪"却大行其道。由此，禅史灯录经历了一次巨大的变革，弘忍之下的传法世系也变得扑朔迷离。这一切，均缘于一场激烈的宗统之争，而这场争斗的关键人物，则是惠能的弟子菏泽神会。

神会（686~760），湖北襄阳人，俗姓高。《宋高僧传》载其"年方幼学，厥性惇明，从师传授五经，克通幽赜。次寻《庄》《老》，灵府廓然。览《后汉书》，知浮图之说。由是于释教留神，乃无仕进之意，辞亲投本府国昌寺颢元法师下出家"。意即神会童年时聪明伶俐，悟性极高，曾从师学五经，继而研究《老子》《庄子》，都有很深的造诣。后来读《后汉书》知道有佛教，由此倾心于佛法，遂辞别双亲至本府国昌寺从颢元法师出家。据说，神会学佛，博览经、律、论等典籍，体悟非凡，虽理解经论，但不喜讲说，所谓"讽诵群经，易同反掌，全大律仪，匪贪讲贯"。良好的传统儒学教育和渊博的佛学知识，为神会日后挺身与北宗门人展开宗统之争及创教菏泽宗打下了良好的基础。

神会出家后，曾投奔荆州玉泉寺，师事神秀学习禅法。三年后，即久视元年，神秀应武则天召请入宫说法，便劝弟子们到广东韶州跟随惠能学习。神会便辗转去曹溪拜惠能为师，成为惠能最年轻的弟子。据载他初次见惠能，惠能问他是否带"本"来，若有本则合识主。神会答："以无德为本，见即是主。"又问惠能："和尚坐禅，见亦不见？"惠能说："这沙弥怎么这样说？"举棒便打，打了三下，问神会疼不疼，神会说又疼又不疼。惠能指引说："见不见是两边，痛不痛是生灭。你还没有见到自性，就来卖弄，捉弄人。"神会惭愧，拜了又拜。惠能又问神会从何所来，神会说无所从来。惠能问："你不回去吗？"神会答一无所归。惠能说："你太茫茫。"神会便说："身缘在路。"惠能说："由于自性未到。"神会答道："今已得到，且无滞留。"神会虽年轻，却很聪明，思维敏捷，得到惠能的喜爱。此后，神会在寺中辛勤执事，效惠能当年"腰石碓米"的精神，"苦行供养，密添众瓶，研冰济众，负薪担水，神转巨石等"，又"策身礼称，燃灯殿光，诵经神卫，律穷五部，神感紫云"。神会在曹溪住了几年，很受惠能器重。为了增广见闻，他不久又北游参学。其间，他曾一度外出游历，遍寻名迹，广其见闻，先到江西青原山参行思，继至西京受戒。景龙年中，神会又重回曹溪，惠能知道他的禅学已经纯熟，"遂默授密语"，将示寂时授与印记。神会是惠能晚年的得意弟子，王维《六祖能禅师碑铭》赞其："过师于晚景，闻道于中年。广量出于凡心，利智逾于宿学。虽末后供，乐最上乘。"

惠能死后，他又云游四方，四处访学问道。玄宗开元八年（720），敕配住南阳龙兴寺，传禅弘法，名声渐起，有"南阳和上"之称。南阳太守王弼、内乡县令张万顷都曾向他问法；著名诗人王维时任侍御史，对神会也钦敬有加，曾称赞说"南阳郡有好大德，有佛法，甚不可思议"；神会曾答王琚（王赵公）所问"三车"义，理玄精妙而"名渐闻于名贤"。

神会北归之际，正是神秀一系北宗禅法在北方大盛之时，正如宗密所言："曹溪顿旨，沉废于荆吴；嵩岳渐门，炽盛于秦洛。"其时神秀已去世十余年，其弟子普寂、义福等享国师崇礼，在北方大振北宗禅法，其中尤以普寂的僧团势力最为强大。普寂当时威名显赫，正如其门人崇远大师所言："普寂禅师名字盖国，天下知闻，众口共传，不可思议。"普寂并以神秀为达摩以来的正统，立其为六祖，而他自己作为神秀的继承人，毫无疑问地成为七祖。李邕《大照禅师塔铭》记普寂临终诲门人说："吾受托先师，传兹密印。远自达摩菩萨导于可，可进于璨，璨钟于信，信传于忍，忍授于大通（神秀），大通贻于吾，今七叶矣。"在这里，普寂向弟子宣述自达摩以来的传法世系，自认为是继菩提达摩—慧可—僧璨—道信—弘忍—神秀之后的第七世，以他为首的北宗自然是继承达摩禅法的正统法系。普寂立宗统之举引发南宗一系的极大不满，但由于当时神秀门下的声势很大，他们所立的法统也自然无人敢加以怀疑，南宗门下只得忍气吞声。神会为了使惠能曹溪顿旨取得正统地位，挺身与北宗抗争，指斥当时势力连天的普寂一系"师承是傍，法门是渐"，提出南宗顿教优于北宗渐教的说法，指出达摩禅的真髓存于南宗的顿教，认为惠能才是达摩以来的禅宗正统。开元二十二年（734）正月十五日，神会在滑台（今河南滑县）大云寺召开"无遮大会"，公开抨击普寂一系，正式向神秀北宗宣战，并由此挑起了南北两宗的法统之争。

滑台大会上，神会与神秀系山东大云寺崇远法师展开辩论。当时崇远法师名满两京，有"两京名播，海外知闻"之誉。会上，神会不仅建立了南宗的顿教宗旨，而且直斥当时声望卓著的神秀门下弟子普寂安立神秀为六祖。神会以菩提达摩"南天竺一乘宗"正传自诩，认定普寂所立的弘忍—神秀的法统是伪造的，说弘忍并不曾传法给神秀。根据他所提出的修正的传法系统：菩提达摩"传一领袈裟，以为法信，授与慧可，慧可传僧璨，僧璨传道信，道信传弘忍，弘忍传惠能，六祖相承，连绵不绝"。惠能被其立为六祖，在他看来，弘忍—惠能的法统才是禅宗之正统所在。他还说："秀禅师在日，指第六代传法袈裟在韶州，口不自称第六代，今普寂禅师自称第七代，妄竖和尚为第六代，所以不许。"根据神会的说法，神秀本人也认可惠能才是弘忍之衣法嫡传。

据独孤沛《菩提达摩南宗定是非论》记载，当时大云寺崇远法师一听神会讥谤普寂，马上质问神会说："普寂禅师名字盖国，天下知闻，众口共传，不可思议。如此相非斥，岂不与身命有仇？"意即普寂禅师是全国知名的人物，你这样非难他，不怕生命有危险吗？神会从容地回答说："普寂禅师与南宗有别，我自料简是非，定其宗旨，我今谓弘扬大乘，建立正法，令一切众生知闻，岂惜身命？"意即我这么做是为了辨别是非、决定宗旨，为了弘扬大乘建立正法，哪里能顾惜身命？崇远法师又问神会，如此行事，难道"不为求名利乎？"神会说："生命尚不惜，岂以名利关心？"从以上记载来看，神会为了使惠能曹溪顿旨取得正统地位，不避艰危，其为法忘身的精神的确令人钦敬，而他在会上的坚定态度和言论也确实让当时参与大会的人备受震动。然而，神会以惠能的嫡传而自居，立惠能为六祖，七祖自然不必言说。神会批评普寂借立神秀为六祖之名，行自己欲为七祖之实，却自言完全出于公心，是为了弘法，其动机不免令人起疑。

滑台会后，南北两宗势同水火、界限分明，争论也日趋激烈，争论的话题不仅集中在教理、教义方面的是非判断，更集中于宗统的争夺，后者更是争论的焦点。

神宗历来重视自己的传法世系，从菩提达摩至五祖弘忍，法系传衍自然无可置疑，只是到了弘忍门下的六祖法统，就出现了不同的声音，先后提出了各种说法，其中又以法如、神秀、惠能三说为代表。

弘忍—法如说

法如（638~689），上党（今山西长治）人，俗姓王。早年师事惠明于阳滟（今湖南澧县），十九岁出家。后依惠明之劝，参五祖弘忍，于蕲州黄梅县双峰山随侍五祖弘忍，前后十六载，并嗣其法。据《唐中岳沙门释法如禅师行状碑》记载："祖师默辩先机，即授其道，开佛密意，顿入一乘。"作为五祖的上首弟子之一，其禅法受到僧众普遍推崇，享有很高的声誉。咸亨五年（674）弘忍示寂后，法如北游中岳，在嵩山少林寺居止三年，以其谦冲卑恭，而不为人知，所谓"居少林寺，处众三年，人不知其高，所以守本全朴，弃世浮荣。廉让之德，贤士之灵也。外藏名器，内洽玄功。庶几之道，高遁之风也"。垂拱二年（686），于少林寺开法讲禅，时"学侣日广，千里向会"。永昌元年（689）七月二十七日示寂，世寿五十二。

最早提出从菩提达摩至弘忍—法如的传法世系的，是法如逝世当年所立的《唐中岳沙门释法如禅师行状碑》。关于禅宗法统继承，碑中说："南天竺三藏法师菩提达摩，绍隆此宗，武步东邻之国，传曰神化幽迹。入魏传可，可传璨，璨传信，信传忍，忍传如，当传之不可言者，非曰其人，孰能传哉！"这里尽管没有明言法如即是"六祖"，但其中所透出的以法如作为继承达摩禅法的第六世的信息却是明了的。

法如作为弘忍的嗣法弟子之一，受到僧众普遍推崇，可谓声誉卓著。开元十三年智俨撰《大唐中岳东闲居寺故大德珪和尚纪德幢》中即将法如称为弘忍大师之上足弟子，说："（法如）大师，即黄梅忍大师之上足也。故知迷为幻海，悟即妙门。"开元十六年（728）裴漼撰《皇唐嵩岳少林寺碑》则称法如为"定门之首"，说："皇唐贞观之后……复有大师讳法如，为定门之首，传灯妙理。"可见时人对法如赞誉极高。此外，神秀的四大弟子中曾师事法如者即有二，即义福和普寂。他们都是先寻法如，因法如去世而改投神秀门下。

弘忍—法如的法系是关于禅宗法系最早的一个传承表。此后，即便弘忍—神秀的传世法系盛嚣于北方之际，以法如为第六世传人的说法也仍有影响，比《楞伽师资记》稍后的北宗史书《传法宝纪》中就以法如为禅宗第六代祖。

弘忍—神秀说

《唐中岳沙门释法如禅师行状碑》没有明言法如即是"六祖"，但北宗内部这种说法隐约有声。普寂先事法如，又是神秀的嗣法弟子，自然要出来厘清北宗内部的传承问题。神秀门下弟子早记有弘忍付嘱："东山之法，尽在秀矣。"普寂去世前，也曾给弟子留下遗训："吾受托先师，传兹密印。远自达摩菩萨导于可，可进于璨，璨钟于信，信传于忍，忍授于大通，大通贻于吾，今七叶矣。"于是弘忍—法如的说法被修改，神秀被确立为直承弘忍的第六世，而普寂则自许为第七世传人。普寂继神秀而为"两京法主、三帝国师"，统领天下禅众，地位显赫，影响巨大，声望在当时无人能及。加之神秀北宗一系当时以两京为基地，在中原以及整个北方地区拥有强大的势力，并在半个多世纪里被官方及禅界公认为菩提达摩一系的正统禅学所在。普寂如此自承似无可厚非。

除普寂为达摩禅法传承的第七世外，神秀门下又有共立普寂、义福为第七代的。如义福碑铭说："禅师法轮，始自天竺菩提达摩。大教东流，三百余年，独称东山学门也。自可、璨、信、忍至大通，递相印属。大通之传付者，河东普寂与禅师二人，即东山继德，七代于兹矣。"虽共推普寂、义福为第七代，但也认可神秀为第六代祖师的法统。

由于《唐中岳沙门释法如禅师行状碑》并未明言法如即是"六祖"，普寂等提出的弘忍—神秀的法系可以说是最早明确提出的禅宗祖统说。这一法统不仅在北宗僧团内部获得认可，在北方也极为盛行。李邕即在立于开元二十七年的嵩岳寺碑碑文中叙说北宗法统云："达摩菩萨传法于可，可付于璨，璨授于信，信恣于忍，忍遗于秀，秀钟于今和上寂，皆宴坐林间，福润宇内。"此外，北宗史书《楞伽师资记》也是明言神秀继承弘忍，普寂继承神秀的。

弘忍—惠能说

宗统之争，由普寂立神秀为禅宗六祖而引起。开元二十二年，惠能弟子神会携惠能禅法北上，"直入东都，面抗北祖，龙鳞虎尾，殉命忘躯"，"为天下学道者辨其是非，为天下学道者定其旨见"。滑台大云寺无遮大会上，神会公开指责神秀一系"师承是傍，法门是渐"，并提出了菩提达摩"传一领袈裟以为法信授与慧可，慧可传僧璨，僧璨传道信，道信传弘忍，弘忍传惠能，六祖相承，连绵不绝"的传法世系，将惠能立为六祖，由此打破了弘忍门下北宗一枝独秀的局面，由此南北二宗"相见如仇雠"，门争愈演愈烈。

禅宗法系，除以上三说为代表外，弘忍门下其他传法弟子也纷起仿效，各排传承法系，以传东山法门的正宗自居，并先后出现了许多不同的传承说法。如玄赜一系将玄赜与神秀并列为传东山之法的第六代楞伽师，记弘忍付嘱玄赜说："吾涅槃后，汝与神秀，当以佛日再晖，心灯重照。"老安系以老安与神秀为弘忍的嫡传，记弘忍嘱咐说："学人多矣，惟秀与安。""今法当付，付此两子。"惠能、神秀共为六祖之说见于独孤及的《舒州山谷寺觉寂塔隋故镜智禅师碑铭》，文中追述禅宗的传承云："菩提达摩大师始示人以诸佛心要，人疑而未思，慧可大师传而持之，人思而未修。迨禅师三叶（僧璨），其风浸广，真如法昧，日渐月渍……其后，信公以教传弘忍，忍公传惠能、神秀。能公退而老曹溪，其嗣无闻焉。秀公传普寂。"

　　禅宗法系之所以众说纷纭、莫衷一是，实与五祖弘忍"法门大启，根机不择"，广接天下学人有关。据净觉《楞伽师资记》所载，弘忍在临终前曾说："传吾道者，只可十耳。"这些弟子"并堪为人师，化一方人物"。在弘忍看来，其门下弟子人才辈出，十大弟子各具千秋，均可为一方化主，因此并未特别推举某一位弟子为第六代传法人。《传法宝纪》也说："及忍、如、大通之世，则法门大启，根机不择，齐速念佛名，令净心，密来自呈，当理与法，犹递为秘重，曾不昌言。"这就是说，弘忍时代由于门下人才济济，得法者众多，并实行"密来自呈，当理与法"的传法方式。或许正因为如此，弘忍门下各传法弟子均以传东山法门的正宗自居。从迄今为止的初期禅宗史料来看，弘忍究竟传法与谁，也确实无一致的确切记载。虽然南北二宗的主要代表人物分别是神秀和惠能，但他们在世的时候，尽管在禅法主张上有分歧，却没有发生公开的激烈争论。在神秀、惠能二人先后去世之后，尤其是神会入洛之后，南北两宗才就弘忍究竟传法给神秀或惠能产生激烈的论战。"六祖"法统之争，可以说是神会一手造成的。

　　天宝四年（745），神会得到兵部侍郎宋鼎的支持入洛，以七十八岁的高龄应请入住东都菏泽寺，趁普寂和义福先后去世之机，大开南宗顿法，"于是曹溪了义，大播于洛阳；菏泽顿门，派流于天下"。由于他的弘传，使曹溪的顿悟法门大播于洛阳而流行于天下。神会不仅积极鼓吹曹溪顿教宗旨，还在菏泽寺为惠能建堂立碑，又以南宗的传法宗统为准，画了有六位祖师形象的《六叶图》，所谓"于洛阳菏泽寺，崇树能之真堂，兵部侍郎宋鼎为碑焉。会序宗脉，从如来下西域诸祖外，震旦凡六祖，尽图绘其影，太尉房管作《六叶图序》"。在宋鼎、房管的政治势力的庇护下，神会"大行禅法，声彩发挥"，利用各种手段，确立并巩固惠能的六祖地位，不仅取得了巨大的成效，自己也声名大振。据《宋高僧传》记载："先是，两京之间皆宗神秀，若不淰之鱼鲔附沼龙也。从见会明心六祖之风，荡其渐修之道矣。南北二宗时始判焉。"宗密《中华传心地禅门师资承袭图》也佐证说："天宝初，菏泽入洛，大播斯门，方显秀门下师承是傍，法门是渐。既二宗双行，时人欲拣其异，故标南北之名，自此而始。"《祖堂集》卷三《菏泽和尚传》中也说："菏泽和尚嗣六祖……自传心印，演化东都，定其宗旨。南能北秀，自神会现扬，曹溪一枝，始芳宇宙。"其时南宗之盛，竟致"普寂之门盈而后虚"。

滑台大会，神会一辩扬名，他指斥普寂妄立祖统，声称北宗法门是渐，引南宗顿门为正统，受到北宗的强烈抵制。早在滑台会后、神会入洛之前，北宗一系便开始了反击。一方面，他们大力弘扬神秀北宗禅法，扩大自身法统传承的影响；另一方面，他们也利用长期以来为官方承认的正统地位打击南宗一系，借助和动用政治手段来维护自己的法统地位。据《圆觉经大疏钞》卷三记载，神会自滑台演两宗之真伪后，"便有难起，开法不得"，甚至"三度几死。商旅缟服，曾易服执秤负归，百种艰难"。两京之地是北宗传禅的根据地，也是北宗一系的势力中心，自然不愿让南宗染指，为此百般阻挠神会入洛阳传法。殆至神会入洛，大弘曹溪顿法，更加引起北宗信徒的不满。天宝八年（749），神会在洛阳菏泽寺又楷定南宗的宗旨而排斥北宗，且每月作坛场为人说法：抑清净禅，弘达摩禅。神会非难北宗之举为北宗门下信仰普寂的御史卢奕得知，为将神会排挤出洛阳，遂于天宝十二年向玄宗诬奏神会聚徒企图不利朝廷。唐玄宗即召神会赴京，因他据理直言，被贬往江西弋阳郡，不久移湖北武当郡。天宝十三年春又移襄州，七月间又敕移住荆州开元寺。两年之间，神会被迫转徙四处，此事记于《圆觉经大疏钞》。文中认为这些都是北宗一系对神会的报复。至于神会是不是被诬奏，是否真受北宗门下压迫，因为现今只能见到南宗单方面的说法，其真相不得而知。但也看得出来，南北两宗的冲突进一步升级，已从滑台大会言语的论辩扩大到政治与社会的层面。

神会虽因贬逐而被迫四处迁徙，但其声望却有增无减。天宝十四年，节度使安禄山在范阳祭起反叛的大旗，并很快举兵内向，攻陷洛阳，将逼长安，一时两京动荡。玄宗仓皇出奔西蜀。据《宋高僧传》记载，当时副元帅郭子仪带兵征讨，因为缺乏军饷，采用右仆射裴冕的权宜之计，通令全国郡府各设置戒坛度僧，收取一定的税钱（香水钱）以助军需。此时神会尚谪居荆州，诬奏他的卢奕已被贼所杀，以其声望卓著，群议请他出来主持设坛度僧，他才得以重回洛阳。至德元年（756）神会已八十九岁高龄，当时洛阳寺宇宫观已被战火烧为灰烬，他指挥若定，创立临时寺院，中间建筑方坛，所有度僧的收入全部支持军费。朝廷最后收复两京，神会之功不可没，正如《高僧传》所总结的："代宗、郭子仪收复两京，会之济用颇有力焉。"

扰攘延续七八年之久的安史之乱被平息后，神会因功被肃宗诏入内廷供养，并敕令在菏泽寺中为其建造禅宇，供其居住，他所弘扬的禅学也为时人称作"菏泽宗"。上元元年（760）五月十三日，神会示寂于洛阳菏泽寺，年九十三岁，敕建塔于洛阳宝应寺，谥真宗大师。据《圆觉经大疏钞》记载，贞元十二年（796），"敕皇太子集诸禅师，楷定禅门宗旨，遂立神会禅师为第七祖"，并"御制七祖赞文，见行于世"。

神会大力宣扬惠能南宗的顿悟禅法，使这一禅法由寂寂无名而至声名大振，传播地域也由偏于一隅的岭南山区而广播京洛中原之地，使得与北宗宗法针锋相对的南宗最终代替北宗，成为禅门中的正统所在，可谓为南宗禅地位的确立立下了汗马功劳。神会本人的名字虽在后来的禅宗发展史中被遗忘乃至被湮没，但他在这次定夺祖位的门争中对禅宗作出的贡献仍被今人所铭记，如胡适先生就评价神会是"南宗的急先锋，北宗的毁灭者，新禅学的建立者"；"在中国佛教史上，没有第二人有这样伟大的功勋，永久的影响"。晚年的胡适，仍坚定地认为神会是"中国禅宗佛教的开山宗师"，说禅宗南宗是神会一个人单刀匹马打出来的。

南北两宗的法统之争是禅宗史上的重要事件，也是惠能六祖地位的关键所在。神会受皇帝之敕，被立为禅宗七祖，南宗一系的祖统地位至此正式确立，惠能为禅宗六祖也有了定说，正如刘禹锡在《大唐曹溪第六祖大鉴禅师第二碑》中记载："元和十一年某月日，诏书追褒曹溪第六祖能公，谥曰大鉴。"柳宗元《赐谥大鉴禅师碑》中则高唱："今布天下，凡言禅，皆本曹溪。"南北两宗的法统之争也就此告一段落。

二、南北分宗

中国禅宗史上有所谓南宗北宗、南顿北渐等名称，然而"北宗"的正式称谓，并非神秀一系的自称，而是惠能之弟子神会所加。北宗禅的说法，按照神会的解释，原在于神秀及其弟子弘法于北方，其教力主渐悟之说，盛行于长安、洛阳等北地，故称北宗。而南宗则由惠能开创，因其于韶州（广东）曹溪山说法教化，主张顿悟之思想，蔚成南宗禅。神会以"南天竺一乘宗"的正统法系而自居，称自宗为南宗，而视北地所传渐悟法门为劣下，以"北宗"呼之，其中包含的贬蔑之意不言而喻。

滑台大会，神会挑起的南北禅之争，不仅是单纯法统的争夺，更是在教理、教义等方面的全方位的是非判断。孤独沛撰写，以神会与北宗僧人辩论的记录为主，并吸收其他场合的言论编成的《菩提达摩南宗定是非论》（以下简称《定是非论》），对南北宗的相异之处有全面的阐述。根据《定是非论》中的记述来看，神会质疑北宗法统，主要有五个方面的非难与指斥，可以归纳为：（一）师承的傍正；（二）弘传方式不同；（三）法门的顿渐；（四）与帝室关系的不同；（五）地域的不同。以下我们不妨分别叙述，来看看惠能南宗一系与神秀北宗一系的差异。

师承的傍正

神会认为禅宗历代祖师相承，必以一领袈裟为信物，弟子受法，祖师将同时付嘱衣法，所谓"衣为法信，法是衣宗。衣法相传，更无别付。非衣不弘于法，非法不受于衣。衣是法信之衣，法是无生之法"。这就是说，法衣所在之处，便是禅宗正统之所在。而根据他提出的传世法系，为"菩提达摩遂开佛知见，以为密契，便传一领袈裟，以为法信，授与慧可，慧可传僧璨，僧璨传道信，道信信弘忍，弘忍传惠能，六代相承，连绵不绝"。而"经今六代。内传法契，以印证心；外传袈裟，以定宗旨。从上相传，一一皆与达摩袈裟为信。其袈裟今在韶州，更不与人。余物相传者，即是谬言"。神会认定，五祖弘忍将衣法传给了惠能，而神秀并未得到衣法付嘱，所以惠能才是真正的相传付嘱人；神秀没有达摩袈裟，因而不是正宗，只是傍出。神会在投身惠能门下前，曾在当阳玉泉寺神秀门下学法，为了攻击北宗一系，此时也现身说法，说自己原属神秀门下，正是听了神秀所说"韶州有大善知识，元（原）是东山忍大师付嘱，佛法尽在彼处"的话，才离开神秀而改投惠能。神会并且说，衣法在惠能处，这是神秀本人也承认的事实，即"秀禅师在日，指第六代传法袈裟在韶州，口不自称为第六代"。神会还搬出了唐中宗的诏书《召曹溪惠能入京御札》，其中也说："朕每究一乘，安、秀二师并推让云：南方有能禅师，密受忍大师衣法，可就彼问。"根据以上种种，神会指出：神秀一系只是傍出而非正宗，普寂立神秀为六祖，可谓名不正言不顺。

神会提出的所谓"达摩袈裟"传法一说，在相关史料中找不到任何证据，如记有早期禅师传记的《续高僧传》与早期禅宗史书《楞伽师资记》里，找不到任何有关"袈裟传法"的证明。即便是南宗一系的敦煌本《六祖坛经》中，虽有"惠能一闻，言下便悟。其夜受法，人尽不知，便传顿教及衣，以为六代祖。将衣为信禀，代代相传"，"衣不合传。汝不信，吾与诵先代五祖《传衣付法颂》。若据第一祖达摩颂意，即不合传衣"等相关字句，但此《坛经》已非《坛经》原型，而是经过南宗一系的补充与修改了的。由此看来，所谓"付法传衣"的真实性尚无法确定，也难怪"达摩袈裟"传法一说受到学者们的普遍质疑。胡适先生即通过考察相关史料，认为："没有寻到一毫证据可以证明从达摩到神秀的二百年中，这一个宗派有传袈裟为传法符信的制度……结论是：袈裟传法说完全是神会捏造出来的假历史。"

唐中宗的诏书《召曹溪惠能入京御札》在《全唐文》里没有注明出处，也不见于《唐大诏令集》与《唐令拾遗》，更不存见于敦煌本《坛经》里，最早只出现在元代宗宝本《六祖坛经》的"宣诏第九"。此札的真实性在学界颇有争议，据胡适考察，《坛经》元明刻本的祖本是北宋契嵩的改本，其中有部分是契嵩采自《曹溪大师别传》的，而《别传》中有些许错误，因此他认为御札是假的，并说"如果此敕是真的，则是传衣付法的公案早已载在朝廷诏敕之中了，更何用后来的争端，更何用神会两度定其宗旨，四次遭贬谪的奋斗呢？"胡适的看法可备一说。印顺法师的观点则与之相对，他认为，《曹溪大师别传》所引诏文有些润饰，但依9世纪集成的"《坛经》古本"而来的"至元本"《坛经》，所引的诏文简明翔实，不能因《别传》的有所润饰而否定一切。诏文说到"衣法"，可见惠能在世时（征召为神龙元年），"付法传衣"说已为北方所知。而且，在禅宗所有文献中，从没有人出来否认，北宗学者也没有否认。他还引用北宗门徒净觉《注般若波罗蜜多心经》中李知非的《略序》"其赜大师所持摩纳袈裟、瓶、钵、锡杖等，并留付嘱净觉禅师"的文句，认为玄赜为弘忍的弟子，净觉依止玄赜十有余年，末后，玄赜付与净觉衣钵等物，约在开元八年（720）。因此印顺法师主张："付法传衣，这是早在神会北上以前，禅门中早有的先例，早有的传说。"此说颇为中肯。

"付法传衣"是否禅门中早有的通例，我们不得而知，但弘忍之传付衣法与惠能，应确有其事，即便如此，我们仍有疑问：惠能得衣法，是否就意味着惠能为弘忍门下唯一的正统嫡传，是否意谓有法衣的人才是唯一的正统嫡传？其他为傍出，这一点，学者们多持反对意见，认为弘忍门下，已是多传并弘，并非法衣单传，而神会所主张的禅宗"一代只许一人"的弘传方式并非事实。

从禅法渊源来看，神秀继承的，正是四祖道信和五祖弘忍开创的东山法门，所谓"师承是傍"纯为子虚乌有。弘忍的禅学传自道信，而道信在其《入道安心要方便法门》中明确地表示他的禅法一是依据《楞伽经》重视心性的法门，一是依据《文殊说般若经》"一行三昧"的禅法。而据《宗镜录》记载，弘忍也继承了道信以心法为宗的禅法，他曾说："欲知法要，心是十二部经之根本。"又说："诸佛只是以心传心，达者印可，更无别法。"在《楞伽师资记》的《神秀传》中记载了一段大足元年神秀被召请入宫时与武则天的对话，说：

> 大足元年，召入东都，随驾往来，两京教授，躬为帝师。则天大圣皇后问神秀禅师曰："所传之法，谁家宗旨？"答曰："禀蕲州东山法门。"问："依何典诰？"答曰："依《文殊说般若经》一行三昧。"则天曰："若论修道，更不过东山法门。"以秀是忍门人，便成口实也。

可见神秀所弘传的正是东山法门，他与道信和弘忍的思想是一贯的。弘忍评价神秀的造诣说："吾与神秀论《楞伽经》，玄理通快，必多利益。"张说《大通禅师碑》说神秀"特奉《楞伽》，递为心要"。李邕的《大照禅师塔铭》中也记述说：普寂诣神秀，神秀"令看《思益》，次《楞伽》，因而告曰：此两部经，禅学所宗要者。"以上说法都从侧面反映了神秀对四祖、五祖禅法的继承。道信提倡"守一""观心"禅法，弘忍则提倡"守心"禅法，两者共同构成了"东山法门"的禅修观点，它们继承达摩以来的禅法，以《楞伽经》为基础，主张渐修，这是很清楚的。而神秀《观心论》所阐述的"观心"禅法和《大乘五方便》中所论述的"五方便门"的禅修实践论，无疑就是"东山法门"这一禅法的发展。

弘传方式不同

自"付法传衣"说之后，南宗又提出了"一代只许一人"的主张，来否定北宗禅师的正统性，认为："自菩提达摩大师之后，一代只许一人。中间尚有二三，即是谬行佛法。""又从上以来，一代只许一人，终无有二。纵有千万学徒，亦只许一人承后。"根据神会的理解，禅宗历来法脉单传，从先前的祖师以来，一代只许有一人继承法统，若是多传并弘，则说明是谬妄。然而，从史实记载来看，事实并非如此。道宣律师所作《续高僧传》成书于惠能与神秀之前，其中详细列出了达摩以下的法嗣，在《法冲传》中，有这样一段记载："冲以楞伽奥典……今叙师承，以为承嗣所学，历然有据。达摩禅师后，有惠可、惠育二人。育师受道心行，口未曾说。可禅师后，粲禅师、惠禅师、盛禅师、那老师、端禅师、长藏师、真法师、玉法师（已上并口说玄理不出文记）。可师后，善师（出抄四卷）、丰禅师（出疏五卷）、明禅师（出疏五卷）、胡明师（出疏五卷）……"根据师承表所列，禅宗的东土初祖菩提达摩的法嗣有惠可、惠育二人；惠可后被奉为二祖，而惠可共有弟子十二人，三祖粲（璨）禅师为其中之一，可见这两代的法嗣皆不止一人。三祖僧璨事迹隐晦，法嗣模糊，可知者仅道信一人。四祖道信的法嗣，据《续高僧传·道信传》记载，道信寂灭之时，徒众问道信：是否有付嘱弟子接续法统，道信回答"生来付嘱不少"，即已经付嘱不少人了，可见，道信的付嘱并不限于弘忍一人。

另一份约成书于《续高僧传》五十年后的禅宗史书——杜胐《传法宝纪》，却有不同的记载。此书记载：道信之后，由弘忍一人受付嘱，接续法嗣，迥异于《续高僧传》"分头并弘"的说法。杨曾文考察指出：《传法宝纪》的成书年代，约在唐玄宗开元四年（716）至二十年（732）之间，神会于开元八年时，敕配住南阳龙兴寺，法统之争可能早在《传法宝纪》成书之前就已开始。《传法宝纪》似乎受法统之争的影响，因而特别强调"一代一人"的付嘱制，但其传承世系是以北宗为准的。

另一与《传法宝纪》成书时间相近的禅宗史书——《楞伽师资记》，则以《楞伽经》的译者求那跋陀罗为第一代，第二代为菩提达摩，至第六代为弘忍。此书记载弘忍临终前说："如吾一生，教人无数，好者并亡，后传吾道者，只可十耳。我与神秀，论《楞伽经》，玄理通快，必多利益。资州智诜，白松山刘主簿，兼有文性……又语玄赜曰：汝之兼行，善自保爱。吾涅槃后，汝与神秀，当以佛日再晖，心灯重照。"其中弘忍详述其十大传法弟子，神秀与惠能均位列其中，并没有什么法统傍正之别，可见并不强调"一代一人"的嗣法制度，而是属于"分头并弘说"。此书作者为玄赜的弟子净觉，依玄赜的《楞伽人法志》所写成。而玄赜即是弘忍入灭前，侍奉在弘忍身边为弘忍起塔的弟子，所记应相当可靠。

针对当时北宗一系有并立法如和神秀为第六祖的现象，《定是非论》记载，神会提出质疑："今普寂禅师在嵩山竖碑铭，立七祖堂，修《法宝纪》，排七代数，不见著能禅师处……普寂禅师为秀和上竖碑铭，立秀和上为第六代。今修《法宝纪》，又立如禅师为第六代。未审此二大德各立为第六代，谁是谁非？"将北宗说成是将东山法门"一代一人"的传承法统乱了纲常的罪魁，指斥北宗"饰鱼目以充珍，将夜光而为宝"。需要说明的是，普寂在嵩山所竖立的碑铭，即李邕所撰写的《嵩岳寺碑》；而《法宝纪》即为杜朏所作的《传法宝纪》。《嵩岳寺碑》以神秀为六祖，普寂为第七代，所记的传法世系为："达摩菩萨传法于可，可付于璨，璨受于信，信恣于忍，忍遗于秀，秀钟于今和上寂，皆宴坐林间，福润寰内。"《传法宝纪》序中，则立法如为六祖，以神秀为法如之后，所记的传法世系为：菩提达摩传慧可，"慧可传僧璨，僧璨传道信，道信传弘忍，弘忍传法如，法如及乎大通"。从表面来看，北宗门人对谁为第六代的祖师似乎有不同的看法，这一点，也就成为神会的攻击目标。

类似于《传法宝纪》的记载，也可以从另一份敦煌出土的北宗禅书——《导凡趣圣心决》中可以看到，文载："初菩提达摩以此传惠可，惠可传僧璨，僧璨传道信，道信传大师弘忍，弘忍传法如，法如传弟子道秀等。"据学者们考察，此处的道秀，即为神秀。但以神秀为法如的弟子，则仅此一见，再无旁证。据《传法宝纪》记载：法如入灭前，交代学徒以后当往神秀处咨禀。因而，神秀门下的弟子，有些先师事过法如，再依止神秀。学者们据此推论，《传法宝纪》与《心决》的传法系统，可能出自法如的门下。如冉云华就说："《心决》和《传法宝纪》二文，共钞在一份卷子上，都属于北宗禅法的某一支流；很可能是原在法如门下，后来才到神秀那里习禅的弟子。"若《传法宝纪》与《心决》是出自于先师事法如再依止神秀的弟子，其将法如的地位列于弘忍之后、神秀之前的做法，也就可以理解了。

其实，以法如为第六代的记载，最早见于法如本身的碑铭《唐中岳沙门释法如禅师行状碑》，文载："南天竺三藏法师菩提达摩……入魏传可，可传璨，璨传信，信传忍，忍传如。"从碑文中的记载来看，并没有明确指出法如为弘忍之后的第六代，正如学者洪修平所指出的："这里（指《法如行状碑》）肯定了弘忍传法给法如的事实，但并没有把法如说为'六祖'，也没有排除他人得法于弘忍的可能性，这正是弘忍以后禅宗发展的最初状况。有人根据这里'忍传如'的记载，就认为法如为'六祖'是弘忍门下最早的说法，这是值得推敲的。其实，记载死者的生平而追述其师承是很普通的事，由当时已成定论的五祖推下来写法如为第六代，也并不意味着就否定其他同门可以为第六代，因为当时还没有'一代只许一人'的说法，'一代只许一人'的说法是后来神会在为惠能争正统时才提出来的。"

综上来看，神会所谓的"一代一人"的传法制，并没有任何确切的史实依据，他所坚称的"一代一人"的传法体制，恐怕并非史实，而是神会用来否定北宗法统的借口。

法门的顿渐

神秀北宗一系的禅修方法以坐为禅，强调摄取心念，息妄除染，而妄心法缚，有所执着，"皆是障菩提道"，其禅法的立足点是渐修，强调通过拂尘看净、凝心入定、住心看净等过程，根据各人根基的不同，逐渐地达到证悟；惠能南宗一系反对于外着境，心有所染，强调要破除妄执，无心无物，无意于事。一切修行，自在无为，"顿渐皆立无念为宗，无相为体，无住为本"，以"无念"作为其修行实践的总原则，强调顿悟见性，以不着万法、顿悟菩提为宗旨，禅学理论表现为一种"不道之道"，落实于禅行生活中，则以顿悟为唯一方式，取代了传统的修行积累，成为一种任运自在的"无修之修"，表现为不假修习、直了心性的禅风。

神会为立南宗一系的顿悟法门为正统，提出：从达摩到惠能，南宗一系"从上六代以来，皆无有一人凝心入定，住心看净，起心外照，摄心内证"，"我六代大师，一一皆言单刀直入，直了见性，不言阶渐"，皆以念不起为坐，以见本性为禅，"所以不教人坐身住心入定"，攻击神秀北宗禅法"法门是渐"，并判定南北宗的差别在于法门顿渐的原则分歧，而南北之异"皆为顿渐不同"。

其实，考察禅宗各位祖师的禅法，自达摩到弘忍的禅法，与神秀"凝心入定"的修行方法也多类似。如《续高僧传·达摩传》载："如是安心，谓壁观也……然则入道多途，要唯二种，谓理、行也。藉教悟宗，深信含生，同一真性，客尘障故，令舍伪归真，凝住壁观，与道冥符，寂然无为，名理入也。""无自无他，凡圣等一，坚住不移，不随他教，与道冥符，寂然无为，名理入也。"达摩"凝住壁观"的禅法，要求凝心、安心、住心，也属于"凝心入定"一类的禅法。二祖慧可也主张坐禅，《楞伽师资记》中，记载慧可略说之修道明心要法，即引用《楞伽经》《华严经》等经典，强调坐禅的必要性，主张"净坐""坐禅"的修行方法。三祖僧璨的禅修主张，也可从《楞伽师资记》中说他"萧然净坐，不出文记"的记载中可见一斑。四祖道信也主张"坐禅看心"，《传法宝纪》也记载道信："每劝诸门人曰：努力勤坐，坐为根本。"可见也是主张修定的。五祖弘忍承继道信的禅风，也主张坐禅修定，如《楞伽师资记》有"其忍大师，萧然净坐，不出文记""大师云：尔坐时，平面端身正坐，宽放身心，尽空际远看一字，自有次第。若初心人攀缘多，且向心中看一字"等记载，其坐禅观想的修行也是"凝心入定"的一种方法。综上所述，从达摩到弘忍，几乎每一个祖师都有教人坐禅修定的渐修方法，并非如神会所说："从上六代以来，皆无有一人凝心入定，住心看净，起心外照，摄心内证。"神会为了使南宗顿教争得正统地位，偏取顿悟一法，却对历代祖师禅法的真实面貌视而不见，其目的不外乎打击北宗的禅门正统地位，以标举南宗。

神秀北宗禅的特色，由神秀所撰《观心论》及其所提出的"五方便门"之说，可知其主张修道证悟是有次第阶段的。此一论点，成为神会攻击北宗的目标，即所谓"法门是渐"。神会对南北的区分，重在顿渐二字，认为南北两宗对禅修证悟方式见地上的差别是显而易见的，即南宗讲顿，北宗讲渐；南宗讲顿悟，顿修顿悟，顿悟顿修，所谓顿修，也是无修之修；北宗的渐，则是渐修，由渐修而渐悟，唯渐无顿。实际上神会为了确立宗派的需要，夸大了这种顿渐之别。其实，禅宗以《楞伽经》为基础，主张渐修，从达摩到弘忍是很清楚的。神秀继承弘忍禅法，以"住心观静""拂尘看净"为标识，其具体做法是"凝心入定，住心看净，起心外照，摄心内证"，这无疑是渐修法门。但神秀虽讲渐修，但又不专讲渐，并没有完全否定"顿悟"。神秀在《大乘无生方便门》中，就反复强调了一念而解脱的"顿悟"，他说："诸佛如来，有入道大方便，一念净心，顿超佛地"，"起心思议是缚，不得解脱，不起心思议则离击缚，即得解脱"。解脱与否，只在一念之间。《大乘五方便》中也说："悟则朝凡暮圣，不悟永劫常迷。"《观心论》更说："但能摄心内照，觉观常明，绝三毒心，永使消亡，闭六贼门，不令侵扰，自然恒沙功德，种种庄严，无数法门，悉皆成就。超凡证圣，目击非遥。悟有须臾，何烦皓首？"以上种种都说明，神秀并不排斥顿悟，他所说的看心看净，强调的是一物不见，看而无看，实际上与南宗的无修之修很相近。张说在《大通禅师碑》中就点明，顿悟也是神秀的主张："一念而顿悟佛身。谁其宏之？实大通禅师其人也。"普寂的禅法承自神秀，他也说过："或刹那便通，或岁月渐证。总明佛体，曾是传闻，直指法身，自然获念。"可见，神秀一系的禅法并非唯渐无顿，所谓"北宗但是渐修，全无顿悟"这一说法，是不符合史实的。

此外，惠能南宗也并非全然摒弃渐修。惠能在一定程度上，是承认引导、启发等教育作用和意义的。《六祖坛经》中就多处指出，尽管佛性本有，但缘心迷，不能自悟，须得到"善知识"的示道见性，方可"遇悟即成智"。后期禅宗的发展演变，"机锋""棒喝"的手段，在某种程度上就是逐渐引导的过程。另外，惠能也是承认渐悟的，曾说："法无顿渐，人有利钝。迷即渐劝，悟人顿修。"个人根机不同，则证悟佛法也是有区别的，这一点上，惠能与神秀的观点是一致的。

与帝室的关系不同

神秀于晚年时应诏入京，在长安、洛阳奔走弘禅，并有

"两京法主，三帝国师"的尊号。然而，神会却以此为否定神秀为禅宗第六代祖师的理由。据《定是非论》记载，与神会辩论的北宗崇远法师曾质问神会："秀禅师为两京法主、三帝国师，为什么不能担任禅宗第六祖？"神会的回答是："从菩提达摩已（以）下到惠能和尚，禅宗六代大师中，没有一位作过帝王的师父（傅），因此神秀不能算是第六代的祖师。"

从达摩到弘忍，禅宗各位祖师中与帝室建立关系的，目前可知者有达摩、道信、弘忍三人。菩提达摩与梁武帝的问答，现存最早的纪录在敦煌本《坛经》里。据《坛经》记载，梁武帝召见达摩，便问他："我一生以来造寺、布施、供养，有没有功德？"达摩回答说："没有功德。"梁武帝与达摩话不投机，无法接受达摩的教法，惆怅万分，只得送达摩离开。唐太宗征召道信之事，见载于《景德传灯录·道信传》。据说四祖道信居黄梅三十余年，门下弟子约五百人，声名远扬。贞观年间，唐太宗闻其名，曾屡次派遣使者征召其入宫，前后凡三次。但道信以老为由，辞谢不去。到了第四次，太宗恼羞成怒，派使者以刀相威胁："若禅师不来，把头砍下带来！"道信引颈让使者动手，仍然没有为之屈服。据说使者惊讶万分，便回去告诉太宗。太宗为道信不畏权势威胁的精神所感召，更加赞叹仰慕道信的风骨，便赏赐珍贵的绸缎与道信，让道信留在原寺，不再强迫他上京。五祖弘忍追随四祖，在东山寺传法，门人甚众，声势浩大，"东山法门"也名噪一时，成为禅门中心。唐显庆五年（660），高宗遣使召弘忍入京，他固辞不赴，乃送衣药到山供养。

反观惠能与神秀：惠能在曹溪开法，神秀曾多次向武则天举荐，武后和中宗都曾屡次遣使召请惠能入京开法，均被他婉言谢绝，确实继承了东山法门与王朝政治不相牵涉的传统。神秀则于晚年入京开法，往来长安与洛阳两京教授禅法，历经武后、中宗、睿宗三帝，一时号称"两京法主、三帝国师"。神秀寂后，其弟子普寂、义福继其统领禅众，也都依傍王室，被尊为"法主""国师"，受宫中供养。

由上观之，从达摩到惠能，确如神会所说："无有一人为帝师者"；但若据此就说身为帝师者不能为禅宗第六代的祖师，似乎有些不近人情法理。众所周知，所谓"住持真教，先凭帝力"，在以皇权为中心的封建时代，佛教若能得到帝室的支持，将极大地刺激佛教持续的发展与广泛的传播，这也是神秀进京成为国师后，北宗禅法能盛行天下的重要原因之一。更何况，神会自身也言行不一：在滑台会后，神会得以入洛开法、大弘南宗顿教，得益于兵部侍郎宋鼎的支持；唐肃宗年间，神会度僧以助军需，因功被肃宗"诏入内供养"；神会后来也成了帝师，更被立为禅宗第七祖，唐德宗时，敕"立菏泽大师为第七祖"。这些行为也都是依傍王室权贵之举，与他本身主张的"身为帝师，不能为一代祖师"自相矛盾。

地域的不同

神秀的弟子普寂曾自称为"南宗"，神会对此横加指斥。据《定是非论》载："远法师问曰：'何故不许普寂禅师称南宗？'和上（神会）答：'为秀和上在日，天下学道者号此二大师为'南能北秀'，天下知闻。因此号，遂有南北两宗。普寂禅师实是玉泉学徒，实不到韶州，今口妄称南宗，所以不许。'"在神会看来，普寂未曾到过南方惠能门下参学，所以不许称为南宗。这里，有必要对"南宗"的称谓加以澄清。《续高僧传》卷二十五《法冲传》中，即有关于"南宗"的称号。文载："又遇可师亲传授者，依南天竺一乘宗讲之，又得百遍。其经本是宋代求那跋陀罗三藏翻……于后达摩禅师传之南北，忘言忘念，无得正观为宗。"可见所谓的"南宗"，实际指的是达摩所传的"南天竺一乘宗"。净觉《注般若波罗蜜多心经》中李知非的《略序》中这样解释"南宗"一词："古禅训曰：宋太祖之时，求那跋陀罗三藏禅师，以《楞伽》传灯，起自南天竺国，名曰南宗。次传菩提达摩禅师，次传可禅师，次传粲禅师，次传蕲州东山道信禅师。"即求那跋陀罗三藏，用起源于南天竺国的《楞伽经》传授佛法，所以称作"南宗"。此宗由求那跋陀罗传给菩提达摩，由此代代相传。普寂自称的"南宗"，是达摩所传的"南天竺一乘宗"，与神会所认为的"南能北秀"的"南宗"显然是相异的。惠能在曹溪开法，南宗一系主要传禅于南方，神秀及其门下弟子号称"两京法主、三帝国师"，其传法的根据地主要在北方。神会假借菩提达摩"南天竺一乘宗"一名而以正统自居，并偷梁换柱，将"南天竺一乘宗"演变成为南北地域之别划分的"南能北秀"之南宗，却以普寂不曾到过韶州而不许称南宗，未免有偷换概念的嫌疑。

惠能弟子神会为了使南宗争得正统地位，拼命攻击神秀弟子普寂、义福，并因缘际会终使南宗顿旨大弘，声势大盛，传遍天下，名士多以结识禅师为荣，而北宗则迅速衰落，渐趋销声匿迹。南北禅宗的兴衰更迭，难道仅凭神会一人之力？其实，惠能一系的禅法北上，打破了东山门下北宗独盛的局面，造成了"南顿北渐"两宗对峙的历史态势，并最终取代神秀系而盛行，这其中，神会固然起了巨大的推动作用，但这种作用并不是唯一的或决定性的，更主要的原因则在于神秀北宗一系和惠能南宗一系各自的禅法特点以及当时社会历史状况。

从南北两宗各自的禅法特点来看，北宗禅法具有守旧、修行方法烦琐、依附帝室等特点，而南宗禅法具有创新立异、不依王权、独处山林的属性。这样的结果必然是禅法保守的渐修旧论终敌不过改革了的顿悟新论；而依附帝室也最终免不了因改朝换代而遭致遗弃的命运。具体而言，神秀禅法需要"住心观静""拂尘看净"，须经"凝心入定，住心看净，起心外照，摄心内证"等种种方便法门，方可证悟，其禅修方式较传统，与佛教由于实践的要求对传统修习的改革趋势相违背。而惠能继往开来，使禅宗一脉别开生面，开创了一种不假修习、直了心性的全新禅风，其禅学理论表现为一种"不道之道"，即主张佛心不二、即心即佛、心性本觉、无念为宗；禅行主张任运自在的"无修之修"，即倡导不执着于戒律教条，摒弃传统修习，率性而行，任意而作，在人的平凡生活中成佛转圣的禅修方式。惠能提倡的这种纯任自然、不加造作的修行生活，无异于世俗平凡生活，他甚至提出了"若欲修行，在家亦行，不由在寺"的看法。这一禅法不仅合乎人性，而且其倡导的禅修方式，与日常的世俗生活几无二致，简便易行，正适合了当时的社会需要。殆至中唐以后，南宗一系更进入鼎盛时期，进而成为禅宗主流，其门下弟子纷纷建宗立派，各执一说，并传衍出五家七宗诸派。这些宗派遍布大江南北、全国上下，所宣传的教理、修行的方式等，都较以前有了很大不同。

然而，禅法的优劣并不是南宗取代北宗的最大原因，当时的社会历史背景才是北宗由盛而衰的主因。从当时的历史背景来看，惠能南宗禅取代神秀北宗禅，具有历史必然性。神秀北宗一系主要在长安、洛阳两京弘法，由于依附帝室而受到上流社会的普遍信崇，其信徒以王公权贵为主，在官方的大力支持下，建立起了以寺院为基础的僧团管理模式。北宗在唐中期迅速发展，影响日益扩大，这与唐王朝的国力强盛、文化繁荣是分不开的。安史之乱后，唐朝国力受到很大削弱，文化事业凋零，数百年之久的门阀士族经济也遭受了沉重打击，这就使依附于这一经济基础的北宗迅速衰退。

需要指出的是，北宗势力虽遭打击，但不等于北宗法系的灭亡。如王缙撰《东京大敬爱寺大证禅师碑》记载北宗神秀系传承说："忍传大通，大通传大照，大照传广德，广德传大师（大证昙真）。一一授手，一一摩拜，相传如嫡，密付法印。"

其中提及的昙真法师即上承北宗禅法，历唐玄宗、肃宗、代宗三朝，皆礼为"国师"，故称"三朝国师"，并于代宗大历二年敕谥"大证禅师"。昙真门下有所谓"十哲"，密宗大师惠果幼年即从昙真习经。另外，作于唐代宗大历七年的《舒州山谷寺觉寂塔隋故镜智禅师碑铭》载："忍公传惠能、神秀。能公退而老曹溪，其嗣无闻焉。秀公传普寂，寂公之门徒万人，升堂者六十有三，得自在慧者一，曰弘正。正公之廊庑，龙象又倍焉。或化嵩洛，或之荆吴。"说明在大历初期，北宗普寂门下的弘正一支势力仍很大，几乎又将以往南北分宗时各自的弘法地盘重新统一起来。胡适也指出："在大历初期，北宗普寂门下的弘正一支势力还很大，还有压制能大师一支的企图。"直到唐文宗开成年间，仍有北宗僧人活跃于嵩洛地区。据《宋高僧传》卷九《崇珪传》载："开成元年，赞皇公摄冢宰，宗秀之提唱，获益明心者多矣。"这也说明了宗密（780～841）在《中华传心地禅门师资承袭图》中所说的"秀及老安、智诜、道德最着……子孙承嗣，至今不绝"是符合历史事实的。

会昌五年（845），唐武宗敕令废佛，僧尼还俗、佛寺被毁、寺产没收、各地寺僧数量遭限制，使得佛教元气大伤。据统计，当时废寺约四万所，还俗僧尼约二十六万人。会昌之后的佛教，汤用彤曾形容说："自会昌五年至唐亡凡七十年，中亦经诸镇之倾轧，黄巢起兵之战乱，民生凋敝，佛教之势力亦受其影响。"北宗禅人向来活动的区域以两京为中心，毁佛之诏一出，北宗首当其冲，如长安章敬、安国、山北、广福等寺院，是北宗禅师主要的驻锡地，会昌时均被废，其时长安地区北宗禅师人数锐减，之后竟至没有任何北宗禅师的记录。北宗长期在长安与洛阳发展，会昌难后，近一百五十年建立的基础被破坏了，受皇室支持的优势消失了，北宗一脉经此法难受到致命打击，从此一蹶不振，逐渐销声匿迹。在佛教诸宗中，与门阀士族经济基础没有或者联系较少的南宗一派所受影响较小，得以免遭厄难。安史之乱，使上流社会的门阀士族遭受重创的同时，普通民众对佛教的信仰更加强烈。他们早就厌倦了频繁的战争和颠沛流离的生活，出于对现世的失望，便纷纷到彼岸世界去寻求答案与解脱。惠能所创立的南宗禅法，使佛教进一步走向世俗化，修行方法简易化，不提倡苦读佛经，也不强调坐禅，所谓"直了见性""即心是佛"，且禅院多居于山林，接近下层民众，故而很快从战争的废墟中重焕生机。唐末五代，北宗销声匿迹，取而代之的，是活跃于南方的南宗门下——南岳与青原两大系统，即便经历了"会昌法难"，保持了山林佛教特色的江西马祖与湖南石头希迁门下的南宗禅仍旧在废佛令解除后逐渐恢复起来，并在唐末五代大行其道，开出了禅宗史上著名的"五家七宗"（我国南宗禅各派的总称，又称"五派七流"，即沩仰、临济、曹洞、云门、法眼五家，加上由临济宗分出的黄龙派和杨岐派，合称为七宗）的禅门盛况，对后世影响深远。

值得一提的是，不仅以寺院为基础的北宗禅完全衰败，最终走上了依附帝室道路的神会一系也一蹶不振。菏泽神会门下，到了宗密以后，亦无杰出的禅师出现，其法派大约继续了一百五十年，到唐末就中断了。虽然德宗贞元十二年（796）曾敕皇太子邀集诸禅师制定禅门宗旨，搜求传法的正傍系统，并终于敕立菏泽神会为禅宗第七祖，并御制七代祖师赞文，但这已经是在神会寂后三十五年的事情。五代以后，只有当时与神会同门的青原行思和南岳怀让两支系统平分禅宗势力而日渐繁衍，这个当年曾大力为南宗争取正统，曾被皇帝立为禅宗七祖的神会的法系就寂然无闻了。历史没有选择神秀一系，同样也没有选择神会一系。

三、南北调和

南北禅宗的对立，源于神会为了强调自宗的正统而刻意区分南北，由此引起两宗的对抗。其实，早期能、秀二师在世的时候，门户之见并不强烈，南北宗学人转益多师、禅法互相交流的情形早就存在。如《六祖坛经》载，神秀对其门人说，惠能"得无师之智，深悟上乘，吾不如也，且吾师五祖亲传法衣，岂徒然哉？吾恨不能远去亲近，虚受国恩，汝等毋滞于此，可往曹溪参法"。《坛经》另载有神秀派志诚前往曹溪听法之事。《宋高僧传·释掘多传》中也记载了掘多劝神秀门下一个学人前往曹溪处参决演法的事迹，可见当时门户之见并不深。唐中宗《召曹溪惠能入京御札》云："朕请安、秀禅师宫中供养，万机之暇，每究一乘。二师并推让云：南方有能禅师，密受忍大师衣法，可就彼问。"神秀、老安共同举荐惠能，也反映了弘忍诸弟子最初相互之间的并存关系。惠能一系，就连高唱南北分宗的神会，自己也曾先师事神秀三年，之后才转往曹溪参学。可见在神秀与惠能二师之时，南北两宗常有沟通交流。

南北两宗在神会挑起法统之争以后，一度就禅法优劣、法门顿渐等问题针锋相对、势同水火，但经历了安史之乱的战火洗礼和会昌法难的兴衰沉浮，两者在禅法方面，也出现了调和的迹象，不仅师事两宗的禅师时有所见，而且融会南北禅法的著作也不绝史册。如在西藏传示大乘禅法的摩诃衍，先后拜了五位禅师为师，其中，降魔藏、小福及大福都是有史料可查的北宗神秀的弟子，张和上与准仰可能为南宗惠能的弟子。宗密《中华传心地禅门师资承袭图》则记摩诃衍为神会的门下。由此看来，摩诃衍出自北宗，后又师事南宗的禅师，可谓融合南北宗的人物，这也可以从记载有关摩诃衍禅法的《顿悟大乘正理决》里得到证实。杨曾文认为摩诃衍称自己的禅法是"大乘禅""大乘无观禅""顿悟禅"，实际是会通了流行于汉地的各种禅法，既包含北宗"看心"禅法，也包容南宗、净众和保唐禅派提倡的"无念"禅法。慧光著有《大乘开心显性顿悟真宗论》，其师承先为老安后为神会。日本学者柳田圣山、田中良昭等认为其《顿悟真宗论》的内容与北宗的《观心论》和北宗灯史《楞伽师资记》有非常密切的关系，可断定为北宗系的禅籍，且《顿悟真宗论》是以老安为中心的北宗禅，来融会神会的南宗的撰作。侯莫陈琰先事老安，后事神秀，虽不曾师事南宗禅师，但著有《顿悟真宗金刚般若修行达彼岸法门要决》一书，柳田圣山、田中良昭认为此书是采取并融会神会的南宗禅，以老安、神秀的北宗禅来主张顿悟的。此书可以说是北宗禅法自身响应了南宗的批评。

总之，南北禅法从同源到分别对立，最后又融合。《顿悟正理决》《顿悟真宗论》与《顿悟真宗要诀》三件禅籍，在某种程度上可看作南北交流之后的禅法代表。这三件文献，虽都冠有"顿悟"之名，实际上，是以北宗的"看心"禅法调和了南宗，尤其针对神会对北宗的批评，在禅法上作了响应。

四、是非余论

弘忍之后，"东山法门"分流，其弟子分传各地，衍成禅风各异的不同宗派，其中最著名的两宗，即人称"南能北秀"的南宗惠能与北宗神秀。居于岭南的惠能，被后代推为正统，尊为禅宗第六祖，其禅法流芳后世，成为中国"祖师禅"的本源；而神秀在当时被奉为国师，其禅法风行于以秦洛为中心的中原地区，及于日本、朝鲜与西藏等域外之地，影响之深远，直至唐末。然从中唐以后，顿悟禅法遍神州、曹溪宗风满天下，南宗蔚为禅宗发展的主流，盛极一时的北宗禅逐渐凋零。南北两宗的兴衰沉浮，肇始自神会滑台关于神秀北宗真伪的是非辩论，虽然后来的历史发展几乎湮灭了这位禅宗七祖，但在中国禅宗史上，对他的地位仍应给予客观的评价。

对于这一问题，许多学者都曾论及。胡适就评价神会是"南宗的急先锋，北宗的毁灭者，新禅学的建立者"，"在中国佛教史上，没有第二人有这样伟大的功勋，永久的影响"。他认为神会是"中国禅宗佛教的开山宗师"，说禅宗南宗是神会一个人单刀匹马打出来的。持相似观点的学者们认为，中国佛教的一线生机，就是仗着惠能的南宗承续连绵以至于今日。我们在推崇禅宗这一大功德时，却不可忘记当年拼命弘扬这一派禅宗的神会和尚。同时，他们也看到了后来佛教南宗一枝独盛的流弊，所谓"成也萧何，败也萧何"，中国佛教的幸存，是存在这个神会和尚手里，但中国佛教的衰亡，也就亡在这位神会和尚手里。

学者们认为：南北两宗最大的差异，在于北宗是渐修，南宗是顿悟；北宗重在知，南宗重在行；北宗主由定生慧，南宗主以慧摄定。推翻北宗而专弘南宗，就是不重渐修而唯尚顿悟，不重行而唯重知，不主由定生慧，而主以慧摄定。这种风气日渐高涨，乃至唐末五代以后，僧众以不立文字而轻弃一切经卷，以无念为宗而指斥修习有为，以定慧齐等而反对坐禅入定，以立地成佛而破除三劫五乘，以机锋肆应而驰骛空谈玄辩，舍难趋易，弃实崇虚，积习相承，每况愈下，甚至不知圣教究何所说，不知修行应何所依，正信还未生根，便说已经"开悟"，菩提尚未发心，侈谈已经"见性"，于是满街圣人，遍地野狐。产生这些现象的主要原因，便是专弘南宗的流弊。神会偏执一边，妄斥北宗，在某种程度上是有责任的。

在他们看来，南北两宗是相互依存的关系，缺一不可。本来南宗之高于北宗，如人立于塔顶，如果将塔基拆除，自己便无从依傍，上焉者悬空过活，下焉者堕落深坑，这便是推翻北宗而偏弘南宗之弊。北宗实为初首之方便，南宗实为向上功夫。南宗高于北宗，不离北宗；顿悟高于渐修，不离渐修，一念相应，便成正觉，这于大根器人，自可不假修持，但于一般障深业重的凡夫，仍须由修而悟，由行而知，由定而慧。正如宗密在《禅源诸诠集都序》中说："原夫佛说顿教渐教，禅开顿门渐门，二教二门，各相符契。"顿渐之门犹如车之两轮，鸟之双翼，缺一不可，宗密由此主张顿悟资于渐修，以佛法般若为依据来会通诸宗，克服偏执一边的局限性。这一看法与古代哲人的说法完全契合，即理虽顿悟，事须渐除，若隔绝二门，则会造成顿渐的对立，无所凭乘，绝却初学入道的坦途。

神会滑台会上，指斥北宗禅法劣下，并口出狂言，称"为天下学道者辨其是非，为天下学道者定其宗旨"，然则历史发展表明，偏弘南宗也使后代禅宗无可避免地堕入不事修持、空言知见的空禅、狂禅，神会对神秀北宗的批评也多是为争祖统之位的片面之见。《宋高僧传》卷八《神秀传》中赞宁有一段议论，文载：

> 夫甘苦相倾，气味殊致，甘不胜苦则纯苦乘时，苦不胜甘则纯甘用事，如是则为药治病，偏重必离也。昔者菩提达摩没而微言绝，五祖丧而大义乖，秀也拂拭以明心，能也俱非而唱道。及乎流化北方，尚修练之勤；从是分歧南服，兴顿门之说。由兹菏泽行于中土。以顿门隔修练之烦，未股盘石；将弦促象韦之者，空费躁心，致令各亲其亲，同党其党，故有卢奕之弹奏，神会之徙迁，伊盖施疗专其一味之咎也，遂见甘苦相倾之验矣。理病未效，乖竞先成。只宜为

法重人，何至因人损法。二弟子濯击师足，洗垢未遑，折胫斯见，其是之喻欤。

以上议论极为精辟，可看作对"南北分宗"这一历史悲剧的最好总结。清人梅雨田曾有诗云："菩提非树镜非台，一物都无识本来。信说南能修苦行，应知北秀亦多才。"对于秀、能二师，特别是对神秀的渐修法门，该诗可以算是一个客观公允的评价和认识。

第4章

创教北宗禅

一、禅法渊源

　　滑台大会上，神会批评神秀北宗一系"师承是傍"，然而，从禅法渊源上来讲，神秀及其禅法，延续了传统禅法的特色，实是四祖道信、五祖弘忍"东山法门"的忠实继承者，其思想比惠能更接近弘忍的禅学，不可说不是达摩禅法的继承者。

　　神秀一生博综多闻，内外兼修，所学驳杂，但其基本思想正脉仍是继承了菩提达摩以来依持《楞伽经》的传统。《楞伽经》，全称为《楞伽阿跋多罗宝经》，凡四卷，刘宋时期由求那跋陀罗翻译成汉文传入。此经以心法为宗，宣说世界万有皆由心识所造，人们认识作用的对象不在外界而在内心。《楞伽经》对中国佛教影响颇大，尤其为禅宗所重。据说菩提达摩曾以此经付嘱慧可，并云："我观汉地，唯有此经，仁者依行，自得度世。"据《续高僧传·法冲传》载，该经可分为二支讲述，一为僧粲以下诸师，依南天竺一乘宗讲述之；一为昙迁等诸师，依摄大乘论而讲述之。至唐代，文化繁盛，百家争鸣，禅宗迅速发展，此经也随之备受重视，出现以本经作为传持依据之风气，并出现了"楞伽师""楞伽宗"的称谓。

神秀的禅学思想主要依据《楞伽经》，这与道信、弘忍的东山法门一脉相承。神秀禅法的要旨，即《楞伽经》的思想。道信在其《入道安心要方便法门》中明确地表示他的禅法：一依《楞伽经》以心法为宗，二依《文殊说般若经》的一行三昧。据《宗镜录》记载，弘忍继承道信以心法为宗的禅法，也常说："欲知法要，心是十二部经之根本。"又说："诸佛只是以心传心，达者印可，更无别法。"神秀禅法上承自道信、弘忍，对《楞伽经》的重视可谓一以贯之。据《楞伽师资记》记载，弘忍评神秀的造诣说："吾与神秀论《楞伽经》，玄理通快，必多利益。"这里突出神秀在弘忍门下擅长《楞伽》玄理，表明了神秀禅法与《楞伽》的关系。张说《大通禅师碑铭》总结其禅法为："其开法大略，则专念以息想，极力以摄心。其入也，品均凡圣；其到也，行无前后。趣定之前，万缘尽闭；发慧之后，一切皆如。特奉《楞伽》，递为心要。"是说神秀以《楞伽经》的思想作为禅法的要旨，主张通过坐禅"息想""摄心"，摒弃一切情欲和对世界万象所持的生灭、有无、凡圣、前后等差别观念，达到与"实相"或"真如"相契合的精神境界，可见神秀继承的是道信、弘忍以心为宗的禅法。神秀与《楞伽经》关系之密切，乃至楞伽宗也立他为第七祖，《楞伽师资记》中，即以《楞伽》译者求那跋陀罗为第一祖、达摩为第二祖、慧可为第三祖、僧璨为第四祖、道信为第五祖、弘忍为第六祖，而神秀为第七祖。《楞伽经》倡导如来藏思想，强调自心本净，客尘所覆，因而不见净心，这与神秀的心性论思想是一致的。敦煌本《六祖坛经》载弘忍要求弟子作偈呈心，悟者付嘱衣法，神秀呈给弘忍的偈颂是："身是菩提树，心如明镜台。时时勤拂拭，莫使有尘埃。"意为众生皆有达到觉悟（菩提）的素质，先天所秉有的佛性之心如同明镜一般洁净，应当勤加修行，不要使它受到情欲烦恼的污染。张说所写

《大通禅师碑铭》最后的铭文中也用"心镜外尘，匪磨莫照"的句子来称颂神秀的禅法。据李邕的《大照禅师塔铭》记述，普寂在神秀门下学习和修行七年，按神秀的吩咐读过讲述般若空理的《思益梵天所问经》和宣述如来藏自性清净心的《楞伽经》，神秀还告诉他："此两部经，禅学所宗要者。且道尚秘密，不应炫耀。"由此可以看出北宗是把这两部经的思想作为自己禅法的重要理论依据的。

《楞伽师资记·神秀传》记载，神秀生前把自己的禅法归结为"体用"二字，称之为"重玄门""转法轮""道果"。神秀所说的"重玄门"指理，"转法轮"指说法，"道果"指修持。"体"可解释为"心""真如""实相""佛性"；"用"则是心的作用，也指真如佛性显现的万象。其体用的思想，可追溯到四祖道信。在《楞伽师资记·道信传》中，道信引用智顗禅师的训示说："先知心之根原（源），及诸体用，见现分明无惑，然后功业可成……《无量寿经》云：'诸佛法身，入一切众生心想。'是心作佛，当知佛即是心，心外更无别佛也。略而言之，凡有五种。一者，知心体，体性清净，体与佛同。二者，知心用，用生法宝……"大意是，修禅者要先知晓心的根源，以及诸多体用的关系；见到现象能了了分明，没有疑惑，才能成就道业……《无量寿经》中说，诸佛的法身，在一切众生的心想之中。佛就是心，心外没有别的佛。简要地说，学道共有五种修行方法：第一，要知道心与佛的本体相同，都是清净无染的；第二，要知道心的作用能生起种种现象……由上可知，"体用"指"心"的本体和作用两方面。心性的本体与佛性一样，是清净无染的，是众生修行成佛的内在依据；心的作用则能生起种种的现象。神秀教修禅者借观想"体用"等关系来体悟心或者说佛性是万有之源。此"心的体用说"是他全部禅法的纲领，贯穿在其禅理、禅行中，并在《观心论》里有具体的运用。《观心论》中说：

> 了见自心起用有二种差别。云何为二：一者净心，二者染心。此二种心，法界自然本来俱有，虽假缘合，亦不相生。其净者，即是无漏真如之心；其染者，即是有漏无明之心。净心恒乐善因，染体常思恶业。若真如自觉，不受所染，则称之为圣，遂能远离诸苦，证涅槃乐。

大意即自心的起用，有无漏真如的净心和有漏无明的染心两种差别。真如清净之心无有染着，就能远离苦恼，觉悟解脱。自心是体，自心的作用则生出染净二心。要觉悟成圣，则须依清净的心用，觉知清净的真如本体。

在这里，神秀将自心的起用分为净、染二心，这借鉴并继承了《大乘起信论》"一心开二门"的说法。《起信论》说："依一心法，有二种门。云何为二？一者心真如门，二者心生灭门。"认为真如之心不生不灭，不增不减，为众生本身所具有，真如心自体也称作如来藏，也就是如来清净法身。众生因为起有妄念，一切诸法才有种种差别的相状，舍离妄念，就没有一切境界之相。心生灭，是因为如来藏受到无明的熏习而产生身心的种种苦恼，去除无明的染污，真如自体的清净本性就能显现，从而达到觉悟解脱。而据学者们研究，《大乘起信论》如来藏自性清净的思想，是出自《楞伽经》，《起信论》的"一心开二门"与《楞伽经》的"如来藏"有着密切的关联，如印顺法师说："《大乘起信论》，一向被认为与《楞伽经》有关，是依《楞伽经》而造的。"学者吴言生也说："《起信论》在理论上与《楞伽经》有着深厚联系，自隋唐时代的慧远、元晓、法藏等开始，经过宋、元，直到明末的德清、智旭等对《起信论》颇有研究的大家，都认为它是宗《楞伽经》而作。"从某种意义上说，神秀的《观心论》中，虽然将《起信论》作为其修行觉悟的理论依据，并直接发展了它的"一心开二门"思想，但神秀的基本思想，仍主要是继承达摩以来依行《楞伽经》的传统，神秀的禅法仍是以《楞伽经》为主要的经典。

神秀也继承了禅宗道信以来念佛净心的修行方法。在《楞伽师资记·神秀传》中有一段武则天与神秀的问答，文载："大足元年，召入东都，随驾往来，两京教授，躬为帝师。则天大圣皇后问神秀禅师曰：'所传之法，谁家宗旨？'答曰：'禀蕲州东山法门。'问：'依何典诰？'答曰：'依《文殊说般若经》一行三昧。'则天曰：'若论修道，更不过东山法门。'以秀是忍门人，便成口实也。"

神秀回答武则天问东山法门依何典诰时说，其禅法依据的是《文殊说般若经》的"一行三昧"。关于一行三昧，南朝梁曼陀罗仙翻译的《文殊说般若经》解释说，修习这种禅法，在禅观中首先要从观想一佛开始，依次到观察法界的真如实相，最后达到对世界空寂和一切平等无有差别的认识。道信禅法的一个重要依据就是《文殊说般若经》的"一行三昧"。据《楞伽师资记·道信传》记载，道信对《文殊说般若经》的"一行三昧"曾加以引用，说："要依《楞伽经》，诸佛心第一。又依《文殊说般若经》一行三昧，即念佛心是佛，妄念是凡夫。《文殊说般若经》云，文殊师利言：'世尊，云何名一行三昧？'佛言：'法界一相，系缘法界，是名一行三昧，如法界缘不退不坏，不思议无碍无相。'"至于一行三昧的具体修习方法，道信引《文殊师利所说摩诃般若波罗密经》说："欲入一行三昧，应处空闲，舍诸乱意，不取相貌，系心一佛，专称名字，随佛方便所，端身正向，能于一佛，念念相续，即是念中能见过去、未来、现在诸佛……如是入一行三昧者，尽知恒沙诸佛法界，无差别相。"一行三昧以无相来观察法界，证悟法界的无差别相，而要入一行三昧，须修念佛法门，通过念佛而达到安心。从神秀回答武则天依《文殊说般若经》"一行三昧"的答案看来，神秀亦继承了道信以来的念佛禅法。这一点，在《传法宝纪》中得以证实，文中说："及忍、如、大通之世，则法门大启，根机不择，齐速念佛名，令净心。"可见弘忍、法如及神秀时，已经广泛采用了念佛净心的修行方法。

神秀"观心看净"的禅法，以摄心修定为入道的方便法门，是从达摩以来就有的禅宗传统。菩提达摩以"凝住壁观"教人安心；二祖慧可也极力强调坐禅的必要，曾引用《楞伽经》里"若有一人，不因坐禅而成佛者，无有是处"的文字，指出"若了心源清净，一切愿足，一切行满，一切皆办，不受后有"。神秀的《观心论》中，有"心者，万法之根本。一切诸法，唯心所生，若能了心，万行俱备"的思想，与之可谓一脉相传。僧璨也主张"萧然净坐"的禅法。道信倡导"守一""观心"禅法，以"安心方便"为根本意旨，其《入道安心要方便法门》，提出"念佛心是佛"的"一行三昧"，宣说"念佛即是念心，求心即是求佛"。修行方面，道信更突出了"守一不移"的行法，要求摄心修定，强调"心"的修持，《楞伽师资记·道信传》记载其禅法："守一不移者，以此净眼住意看一物，无问昼夜时，专精常不动。其心欲驰散，急手还摄来；以绳系鸟足，欲飞还掣取；终日看不已，泯然心自定。"这种"守一不移""住意看一物"的禅修方法，也是"摄心修定"的一种方式。弘忍和道信的思想是一贯的，他继承道信的思想，建立念佛禅，也提倡"守心"，《楞伽师资记·弘忍传》记载其禅行为："尔坐时，平面端身正坐，宽放身心。尽空际远看一字，自有次第。若初心人攀缘多，且向心中看一字。"要求坐禅时坐姿端正，身心放宽，向天际远方看一字，自然会有次第，初学者则可往心中看一字。这种禅修方式，与摄心修定大致相同。神秀传授的禅法，也以摄心修定为入道的前方便，《大通碑》言及神秀的禅法时说："尔其开法大略，则专念以息想，极力以摄心。其入也品均凡圣；其到也行无前后。趣定之前，万缘尽闭；发慧之后，一切皆如。"可见神秀的开法大略对修习禅定的重视，其修禅方法也主要是要求先专注心念来息灭妄想，努力地收摄身心。总之，不论是净坐观心，或者注意观看一物，或者向远方或心中看一字，这种种修行方式不外乎"摄心修定"；从达摩到弘忍都大力倡导"摄心修定"为入道安心的重要途径，神秀"专念以息想，极力以摄心"的禅法，毫无疑问是渊源于前代诸祖师的。

神秀"观心看净"的禅法，不仅是从达摩以来就有的禅宗传统，更是对四祖道信、五祖弘忍东山法门的继承和发展。神秀撰有《观心论》，他继承并发扬道信以来的东山法门，以"心体清净，体与佛同"立说，主张"坐禅习定"，以"住心看净"为一种观行方便。其倡导的"观心"禅法在道信、弘忍的基础上又有所发展。神秀的观心法门，是观心之空幻。神秀以心为万法之主，其根本思想，即所谓"一切佛法，自心本有；将心外求，舍父逃走"。《大通禅师碑》记为："立万法者，主乎心矣。"《观心论》说："心者，万法之根本也。一切诸法，唯心所生。"这个能生万法的心，实际上是指妄心，在这个妄心之内，包藏有真心，观心就是要观妄心之空幻而得真心，"观心若幻，乃等真如"。道信以《楞伽师资记》所传的《入道安心要方便法门》为依据，提出了以坐禅观心为主之五种禅要，即知心体、知心用、常觉不停、常观身空寂、守一不移。神秀更扩大其方便，涉及多种经论，提出了次第修道的"五方便门"，即一、总彰佛体门，亦称离念门，依《起信论》说心体离念；二、开智慧门，亦称不动门，依《法华经》说开示悟入佛之知见；三、显不思议解脱门，依《维摩经》说无思无想为解脱；四、明诸法正性门，依《思益经》说心不起离自性为正性；五、了无异门，依《华严经》说见诸法无异，自然无碍解脱。

神秀的禅风，是以"指事问义"为特征，这一禅风也主要沿袭自前人。《楞伽师资记》中，记载了一些神秀教禅的语录，如：

见色有色否？色是何色？

又云："汝闻打钟声，打时有？未打时有？声是何声？"

又云："打钟声只在寺内有，十方世界亦有钟声不？"

又见鸟飞过，问云："是何物？"

又云："汝直入壁中过得不？"

由此看来，神秀教导修禅者修禅，并不是填鸭式的宣讲灌输，而是通过不断发问，启发学人自己去反省自悟，正如印顺法师所指出的，这种禅风"不是注入式的开示，而是启发式的使人契悟"。这一独特的禅风，即《楞伽师资记》所载的"从师而学，悟不由师。凡教人智慧，未尝说此，就事而征"，又被称为"指事问义"。据印顺法师《中国禅宗史》研究，此法早在求那跋陀罗时就已有应用，禅宗的中土初祖菩提达摩和二祖慧可也常用此法教示学人，如《楞伽师资记·达摩传》说："大师又指事问义：但指一物，唤作何物？众物皆问之。回换物名，变易问之。"《传法宝纪》也记载慧可："随机化导，如响应声。触物指明，动为至会，故门人窃有存录。"从求那跋陀罗、达摩、慧可到神秀，这一独特的禅风代代相承，可见其流传之久远。

总之，神秀禅法主张渐修，教义接近印度禅，师承达摩祖师，以《楞伽经》为宗经。他的禅法，即运用"体用"范畴，来发挥《楞伽》经义，并用以教授门徒。神秀的禅法，以安心为重要特征，实为四祖道信、五祖弘忍东山法门的发展。若以禅法渊源来说，神秀及其禅法，延续了传统禅法的特色，不可说不是达摩禅法的继承者。

根据学者们的研究，神秀北宗一系的禅法思想，除了禅宗本宗的渊源外，还与贤首宗和《楞严经》有所关联。神秀北宗一系的文献——《大乘无生方便门》（简称《五方便》）所提出的"五方便门"的思想，就与题名为杜顺所说的《华严五教止观》和贤首宗法藏所撰写的《华严游心法界记》所立的"五门"思想有密切联系。《华严五教止观》的"五门"分别为：一、法有我无门；二、生即无生门；三、事理圆融门；四、语观双绝门；五、华严三昧门。法藏《华严游心法界记》的"五门"则为：一、法是我非门；二、缘生无性门；三、事理混融门；四、言尽理显门；五、法界无碍门。神秀北宗的《五方便》所立的"五门"为：第一、总彰佛体门，又名离念门；第二、开智慧门，又名不动门；第三、显不思议门；第四、明诸法正性门；第五、了无异门。印顺法师经过研究考证，认为所谓杜顺所撰的《华严五教止观》并非如题名所写，而是法藏《华严游心法界记》的初稿，经过仔细比对，他在《中国禅宗史》一书中表示，《五方便》受到五教观门的影响，具体而言，《五方便》的"'离念门'与'不动门'，有方便引导的意义，后三门只是悟入的历程。'显不思议门'，与'事理混融门'相应。'明正性门'，引《思益经》及达摩的解说，是心意识寂灭的境地，与'语观双绝门'一致。'了无异门'——'自然无碍解脱道'，引《华严经》，与'华严三昧门'相合……《五方便》中的后三门，次第与内容，恰与《五教止观》的后三门相合。"印顺法师由此得出结论："禅宗与贤首宗的契合，奠定了教禅一致的基础。"印顺法师指出，《五方便》中"不动门"的成立与《楞严经》有关。他说："从《楞严经》去观察《五方便》，初步的方法不同：《楞严经》以'征心'（看心）为方便，神秀（《五方便》）以'看净'（一切物不可得）为方便。但进一步，却都是以见性不动为方便去悟入的。"

印顺法师的研究是很有见地的，《楞严经》主张先"七处征心"，求心不可得，然后从见性去悟入，而神秀《五方便》则提出先以"看净"为方便，悟入六根的本来不动。需要特别指出的是，"齐念佛名，令净心"即"看心看净"的禅法，是弘忍以来接引禅僧的方便法门，其中并没有提及"净心"下的

"不动"，也因此，有学者将《五方便》中"不动门"的成立，归结为神秀禅法思想的一大特色。

二、禅法著述

神秀虽学养丰赡、兼通内外，但他的著述，流传下来的却很少，甚至《楞伽师资记》引用玄赜《楞伽人法志》，曾明确地说神秀"受得禅法，禅灯默照，言语道断，心行处灭，不出文记"，说他没有著作存世。但《楞伽师资记》里录写了他十几条的语录，张说《大通禅师碑铭》当中也对神秀所传的禅法作了简略的记述，这些都是神秀当时为学人开示的真实记录，弥足珍贵。

神秀本身虽"不出文记"，但他晚年振锡于北方，尤以两京为盛。北方两京，是当时政治与文化的中心，文化繁盛，佛教宗派云集，其门人或信徒将他传授的禅法作了一些记录，是完全有可能的。20世纪初敦煌遗书被发现，大量早期禅宗文献得以面世，关于神秀及其北宗禅法的资料也陆续被披露。据学者们研究，敦煌禅籍中有不少属于北宗的史书和禅法语录，如题名为《大通和尚七礼文》与《秀禅师劝善文》的两种文献，即被认为是神秀禅法的珍贵纪录。《大通和尚七礼文》里，有关于往生弥勒净土的字句，而《秀禅师劝善文》有唯识思想的字句，可惜的是两份文献均只剩残本，无从窥见其全貌。

学术界有一种看法认为，现存北宗文献中，能代表神秀禅法的是《观心论》与《大乘五方便北宗》两种文献，是由神秀所述，由其弟子整理记录下来的。持此观点的，如印顺法师、杨曾文、洪修平等。印顺法师更进一步指出：《观心论》与《大乘五方便北宗》都不是神秀所作，而是弟子所记述或补充的，或是弟子们所撰。此说得到多数学者的响应，但也有反对的声音，如胡适《楞伽宗考》一文，即据《楞伽师资记》说神秀"不出文记"的说法，否定《大乘五方便北宗》为神秀所作。吕澄《中国佛学源流略讲》、杜继文《中国禅宗通史》中也否定《观心论》为神秀所作。

《观心论》原题《达摩大师观心论》或《达摩和尚观心破相论》，起初一直在朝鲜和日本流传，被认为是初祖达摩所作。据学者们对此论研究史的钩沉检索，此论1570年朝鲜安心寺所刊印本题为《达摩大师观心论》，1908年，梵鱼寺将之改题《观心论》收入《禅门撮要》之中，后署"初祖达摩大师说"。13世纪镰仓时代曾抄有《达摩和尚观心破相论》的本子，收入日本的金泽文库。此论后收入日本《少室六门集》，题作《破相论》。二十世纪二三十年代，敦煌遗书中的《观心论》写本陆续被发现，1930年，矢吹庆辉在《鸣沙余韵》中介绍了S.2595号写本，后来此校本被收入《大正藏》第八十五卷之中。此外陆续发现的写本还有S.646、S.5532、P.2460、P.2657、P.4646以及由龙谷大学收藏的敦煌写本（与《修心要论》在同一个抄本）。1932年，日本学者神尾弌春根据唐慧琳《一切经音义》卷一百所记"《观心论》，大通神秀作"的记录，在《宗教研究》新九卷第五号发表《观心论私考》，首先提出该书为神秀所著。此后，学者们先后著书，如宇井伯寿《禅宗史研究》，筱原寿雄、田中良昭《敦煌仏典·禅》，认为《观心论》为神秀所作，学界也逐渐接受《观心论》为神秀的禅法著述。1935年到1936年，铃木大拙对敦煌S.2595号写本、龙谷大学所藏敦煌本、金泽文库本、朝鲜刊本、《少室六门集》所收本加以对校，发表《观心论》的五本对校本，收入《校刊少室逸书及解说》的附录《达摩的禅法和思想及其他》论文后面，后来被收在《铃木大拙全集》（别卷一）当中，但他在论文中质疑《观心论》的作者为神秀，倾向于认为《观心论》是达摩口述，由弟子记录。

《观心论》是否为神秀所作？学者杨曾文将《观心论》思想与相关禅宗文献对举研究，认为从思想内容来看，《观心论》与其他禅宗文献所描述的神秀的禅法主张是一致的，因而赞同《观心论》作者为神秀说。他认为：《观心论》主张"唯观心一法，总摄诸法"，以三界为"三毒"，一切诸法，唯心所生，强调坐禅观心，说若观"本若无心"，即超出三界。此与宗密《圆觉经大疏钞》卷三之下所说神秀的北宗"拂尘看净"；《神会录》所批评的"凝心取定，住心看净，起心外照，摄心内证"是相符合的。杨曾文在《唐五代禅宗史》中分析道：正如史书说弘忍生前"不出文记"而有《修心要论》传世一样，神秀也许自己不从事写作，但并不意味着他的弟子没有机会把他传授的禅法记载下来并整理成义书。他总结说，《观心论》的思想与现存其他禅宗史书中所零散记载的神秀的禅法主张是一致的，因此可以认为，《观心论》是由神秀弟子对神秀传授的禅法所作记录整理而成的，说《观心论》是神秀述是可信的。此观点比较有代表性，也比较有说服力。

《观心论》中有一段十分引人注目的议论，文载："窃见今时浅识，唯见事相为功，广费财宝，多积水陆，妄营像塔，虚役人夫。积木迭泥，图丹画绿，倾心尽力，于己迷他，未解惭愧，何曾觉悟。见有为，则勤勤爱着，说无相，则兀兀如迷。但贪目下之小慈，不觉当来之大苦。此之修学，徒自疲劳，背正归邪，诈言获福。"

文中所涉及之劳民伤财、妄营像塔、虚役人夫等，都是武则天最喜欢做的事。这些事情均可在史书记载中得以证实，如《资治通鉴》之《唐纪》中有"则天顺圣皇后"专条，载有"太后命僧怀义作夹纻大像，其小指中犹容数十人，于明堂北构天堂以贮之。堂始构，为风所摧，更构之。日役万人，采木江岭，数年之间，所费以万亿计，府藏为之耗竭。"又载："太后复税天下僧尼，作大像于白司马阪，令替官尚书武攸宁检校，糜费巨亿。"这些都是武则天好大喜功的事证。《观心论》的议论，正是在毫不留情地批判武则天这些造作行为。而这种议论是很难不触怒龙颜的。因此有学者提出，如果说《观心论》为神秀所作，那么应当是作于入京前，即在玉泉寺开法的时候。《观心论》对武则天的批评，或许也是《楞伽师资记》要说神秀"不出文记"的理由之一。

总而言之，学者们根据慧琳《一切经音义》的记载，及考察《观心论》的思想内容后，确认《观心论》即为神秀所作；又依《观心论》文末所议"妄营像塔"等事，可推知《观心论》是神秀在入京之前，即在玉泉寺时的著述。

《大乘五方便北宗》，又作《北宗五方便门》《大乘五方便》《大乘无生方便门》等，是另一份被多数学者认定为代表神秀北宗禅法的著作。宗密在《圆觉经大疏钞》卷三之下对"五方便"有所解释，从中可窥见神秀北宗的"五方便"禅法的概要，也可知"五方便"在唐代是相当流行的北宗禅法。《五方便》的敦煌卷子被发现后，学人对其的研究资料更加丰富。学者们通过研究发现，敦煌遗书中有该文献的很多写本。如国家图书馆藏的一个写卷；伦敦大英博物馆藏斯坦因编号的五个写卷，分别为 S.735、S.1002、S.7961、S.2503、S.2058；巴黎国立图书馆藏伯希和编号 P.2058、P.2270、P.2836 的三个写卷。而且有的卷子上不止一个写本。由于各写卷内容各异，校勘难度相当之大，至今没有完整的校录成果。

对《五方便》的敦煌写本进行文献学的校勘转录，首推日本学者。1932 年日本学者将 S.2503 写卷上的写本二、写本三部分校勘收入《大正藏》第八十五卷，分别题为《赞禅门诗》和《大乘无生方便门》。1937 年和 1940 年，久野芳隆分别发表了《富于流动性的唐代禅宗典籍——敦煌出土的禅宗北宗的代表作品》和《北宗禅——由敦煌本的发现而明了的神秀的思想》两篇论文，对 P.2058、P.2270 写卷上的几个写本作了介绍。此后，宇井伯寿对这三个卷子上的写本重加校刊，分别用《大乘北宗论》《大乘无生方便门》《大乘五方便北宗》和《无题》的标题发表在他的《禅宗史研究》所附的《北宗残简》中。后来铃木大拙对上述各本加以校订，做成四本校刊本，发表在其《禅思想史研究第三》，并认为《五方便》可能是在神秀死后不久出现。铃木的校勘本相对完善，这为研究北宗禅法提供了很大的方便。

《五方便》系北宗禅之纲要书，论述入道的五门，全书依据《大乘起信论》《法华经》《维摩经》《思益梵天所问经》《华严经》等佛经，以问答形式，分佛性、智慧、不思议法、正性、无异五门，详述北宗禅之要谛。五方便具体指的是：（一）总彰佛体离念门，即依《大乘起信论》之说而彰显佛体，远离诸念；（二）开智慧门，即依《法华经》之教而开启智慧之门，又称不动；（三）显不思议门，即依《维摩经》之说而彰显不可思议之解脱；（四）明诸法正性门，即依《思益梵天所问经》之说而明了诸法之正性；（五）了无异门，即依《华严经》之教而得自然无碍解脱。"五方便门"为北宗禅法的特色之一，此书之所以称"五方便门"，是因为文中内容以北宗禅之立场论述入道之五门，且此五项法门皆借经论之教说作为解脱得证之方便，故称。

宗密之《圆觉经大疏钞》卷三总结神秀北宗禅法特色为"拂尘看净，方便通经"，并列举了《大乘五方便》的大意，作为其论点的文证。《五方便》的敦煌卷子发现后，对照宗密的记载，与宗密所述的北宗"五方便"甚相符契，学者们就此认定《五方便》即是神秀系北宗禅法的文献。但《五方便》是否为神秀本人所著，学界尚有争论。其中一种说法认为是神秀弟子普寂所述，乃承继道信之东山法门的"五事"禅法发展而来，这一说法比较具有代表性。

首先，神秀的史传、碑铭中没有提及"五方便"之词。如张说《大通禅师碑铭》总结神秀禅法为："尔其开法大略，则专念以息想，极力以摄心。其入也，品均凡圣；其到也，行无前后。趣定之前，万缘尽闭；发慧之后，一切皆如。特奉《楞伽》，递为心要。过此以往，未之或知。"碑文中没有一字提及"五方便"。试想，若"五方便"为神秀本人禅法的重要特征，张说不可能在他死后的传记中一字不提、全无载录。此外，宋之问为武则天召请神秀入京传法，曾著有《为洛下诸僧请法事迎秀禅师表》，写作年代稍早于《大通碑》，文中有这样一段记载："此僧契无生至理，传东山妙法。开室岩居，年过九十，形彩日茂，弘益愈深。两京学徒，群方信士，不远千里，同赴五门。"此表文中之"五门"是否即宗密所见与敦煌所传的"五方便"？值得注意的是，神秀弟子义福的碑铭——《大智禅师碑铭》里也述及"五门"一词。文载："大师（神秀）乃应根会识，垢散恼除。（义福）既而摄念虑，栖榛林，练五门，入七净。"据碑铭所述，义福于玉泉神秀处习练的禅法中有一项即是"五门"。此"五门"是否即是"五方便"，文中没有提及。

其次，东山法门早有五种入道方便法门之说，又称"五事"，见载于《楞伽师资记》中道信所作的《入道安心要方便法门》。道信所传的入道方便法门"略而言之，凡有五种"："一者，知心体，体性清净，体与佛同。二者，知心用，用生法宝，起作恒寂，万惑皆如。三者，常觉不停，觉心在前，觉法无相。四者，常观身空寂，内外通同，入身于法界之中，未曾有碍。五者，守一不移，动静常住，能令学者，明见佛性，早入定门。"此"五事"或"五门"与敦煌卷子《五方便》的内容不甚相同。

当代学者吕澄在《中国佛学源流略讲》中，主张以《楞伽师资记》为主要材料来研究神秀，不过对于《大乘无生方便门》或《大乘五方便》则基本上持承认态度，介绍了宗密关于

"方便通经"的分析。余威德通过比对两者的内容，则认为：道信的"五事"与敦煌卷子《五方便》，虽然有类似的地方，但已经有了差异。"五事"的一者与二者，讲的是心的体用关系，和《五方便》的第一与第二门的体用关系类似；而《五方便》的后三门则与"五事"的后三事不同，《五方便》的后三门是悟证的深入，"五事"的后三事讲的是常觉不停、观身空寂、守一不移等方法。他表示：《五方便》可能是北宗门人在道信"五事"的基础上加以发展的结果。

杜继文教授在《中国禅宗通史》中否认《五方便》为神秀本人的思想。他认为：早期文献都说神秀奉行"不出文记"的原则，不可能有书面的东西留下来；传说有《达摩观论》（一名《破相论》）和《北宗五方便门》是神秀所撰，都不甚可信；宋之问《表》中提到，神秀晚年在玉泉寺所开"五门"禅法，当是《楞伽师资记》所言"观心是佛"的"五事"，至宗密解释此"五门"为"方便通经"中的"五方便门"，实际上是将神秀门徒们的禅学加到了神秀身上；神秀主张的五门禅法，实为"五事"，即一者知心体，二者知心用，三者常觉不停，四者常观身空寂，五者守一不移。

究竟《五方便》的著述者为何人？余威德认为，其著述者应是神秀的弟子普寂，《五方便》应是普寂根据道信以来的"五事"加以发展述说的。其说论据主要有三点。其一，普寂的碑铭，描述普寂的禅法为："其始也，摄心一处，息虑万缘，或刹那便通，或岁月渐证。总明佛体，曾是闻传；直指法身，自然获念。滴水满器，履霜坚冰。故能开方便门，示直宝相；入深固藏，了清净因……"不仅文中所记"总明佛体"与"直指法身"，与《五方便》中的具体文句完全一致，而且碑文明确言明普寂"开方便门"。其二，敦煌遗书中存有一件编号为S.2512的文献，为另一件纪念普寂的赞文，题作《第七祖大照和尚寂灭日斋赞文》，其中也说普寂"开五方便"。其三，《五方便》中五门的成立，受到华严宗"五教观门"的影响很大，而普寂在当时有"华严和尚""华严尊者"之称，文见《太平广记》卷九十四，载："华严和尚学于神秀……和尚于嵩山岳寺……讲《华严经》。"又见最澄之《内证佛法相承血脉谱》，记有以下文字："忍传神秀，秀传普寂，寂即我律师所事和上也，本在嵩山流传禅法，人众多归，故有敕，请入东都，常在华严寺传法，故曰华严尊者。"其中之华严和尚或华严尊者，皆指普寂。

综上所述，可知《五方便》并非神秀本人所说，但为神秀弟子普寂承继东山法门的"五事"禅法发展而成，因此《五方便》仍可视为神秀北宗一系禅法的重要文献。

《观心论》与《五方便》被多数学者认为系北宗禅法比较有代表性的文献。此外，学者们继有研究，时有新见。如美国学者麦可瑞认为《圆明论》是神秀或北宗禅师的著作，他还表示，无论《圆明论》是否为神秀、普寂或其他北宗著名禅师开法的纪录，其都可以合理地被认为与《五方便》，或其他较早的东山法门，或北宗的禅籍，有潜在的关联。

关于《圆明论》与神秀北宗禅的关联，日本学者早有研究。如柳田圣山最早根据《圆明论》中有如来藏的思想，认为《圆明论》的作者为北宗禅师。冈部和雄《敦煌佛典·禅》一文则认为：柳田圣山的论断论据单一，仍有检讨的必要。他还列举了《圆明论》中华严宗、唯识学、《大乘起信论》等其他的思想内容。

根据学者们的研究成果，《圆明论》与北宗有不可忽视的关联，这一点似乎毋庸置疑，但目前并没有明确的证据可以证明《圆明论》为神秀的禅法文献。《圆明论》内容驳杂、思想深邃，关于《圆明论》思想的相关研究，限于笔者目前的能力，只好留待将来进一步探讨，本文也暂不将《圆明论》列为神秀思想的代表禅籍之一。

此外，宇井伯寿《禅宗史研究》、柳田圣山《祖师禅の源と流》、金知见编《均如大师华严学全书》等著作中，曾将《神秀和尚语》《妙理圆成观》《大华严经疏》等文献误作大通神秀所著。《神秀和尚语》见于《宗镜录》卷九十八，内容有关《华严经》义；《妙理圆成观》的内容亦疏解《华严经》义，与禅宗无关。高丽僧均如（917~973）的《释华严指归章圆通钞》里曾引用到"神秀法师《妙理圆成观》"的文句；《大华严经疏》见载于高丽僧义天（1055~1101）所编《新编诸宗教藏总录》，文记："《大华严经疏》三十卷神秀疏。"学者们经过研究发现，以上三件经疏提及之神秀并非"大通神秀"，而是华严宗法铣（718~778）的弟子——会稽神秀。

综上来看，神秀禅法著述可以《观心论》与《五方便》为代表；《圆明论》虽与北宗有密切的关联，但尚无法确证为神秀的著述；《神秀和尚语》与《妙理圆成观》《大华严经疏》等经疏的作者，乃会稽神秀，而非大通神秀。

第5章

禅法之要旨

神秀作为开创北宗禅的首导，是传统禅法的继承、实践与发扬者，其思想要旨，以《观心论》与《五方便》为中心观之，主要以"一切佛法，自心本有"的心性论、"摄心修定，观心看净"的修行观、"离念息心，戒禅合一"的菩萨戒法、"藉教悟宗，方便通经"的五方便为特色。

一、一切佛法自心本有——心性论

神秀禅法，首重心的修行，这就涉及心性或称佛性的问题。神秀的心性观以"一切众生皆有佛性"为基础，并宣称"心为万法之本"，以观心总摄一切修行，在继承禅宗心性本清净的思想的同时，他关于心性的论述，又有了区分染、净真妄二元心性的创新。

人人皆有佛性

所谓"佛性"，亦意译如来性、觉性、如来藏，原指佛陀本性，后来发展为众生觉悟之因，众生成佛的可能性，这是中国佛教界对佛性的最一般的理解。初期佛教之时，佛陀只是

"释迦牟尼"的专称，意为"觉悟者""智者""认识真理的人"，佛陀只是神化的人。佛陀宣称：人是由"五蕴"（色、受、想、行、识）和合而成，没有自己自在的本体，也没有自身存在的价值；人生无常无我，世界也只是因缘和合而生，聚灭无常。所谓涅槃，也只是脱离了生死轮回的痛苦此岸而抵达永无痛苦的彼岸世界。可见，当释迦牟尼还是一个人而不是一个神的时候，还不存在"佛性"问题。到了印度部派佛教时期，佛逐渐神格化，"三身佛"理论的提出，才使佛逐渐与世界本原合而为一。佛教认为，佛具有三种形态，即"法身佛""报身佛""化身佛"，而"法身佛"有自性清净法身和离垢妙极法身两种。离垢妙极法身指佛断烦恼、证菩提而成就的清净之身，自性清净法身指的则是真如。"真如对有情来说叫佛性，对无情来说叫法性，一切有情无情体皆真如。"正如佛经常言："一切众生，悉有佛性""山河大地，尽皆真如"。"法身佛"具有自性清净和离垢妙极的特性，是世界万物的本体，也就是世界的本原。释迦牟尼能够成佛，归根结底，是因为他本来就有佛性。佛教发展到大乘时期，"佛"已经演变成为众生人人可追求的最高果位，佛教已经演变成一个追求成"佛"的宗教。一个人，有没有佛性，成为涉及他到底能不能成佛的大事。关于佛性问题的讨论，也就集中到了"一个人有没有佛性"的问题上来。佛性既是一个人内在的本性，则又与世界本原一致，这个问题也就转化为"人能不能与大宇宙取得同一"的问题。在这个问题上，不仅印度大乘、小乘的态度不同，就是大乘内部的观点，也常常不尽一致。小乘不主张每个人都可以成佛，否认人人都有佛性。大乘派别则在"一阐提人（断绝善根的人）是否具有佛性"的问题上纠缠不休，常常意见相左。

印度佛教经典中，解释佛性的一般说法是，佛性一是指心，二是指境。众生若具有"性净之心"，便具有了成佛的可能性，但仅有"性净之心"还不能起作用，心要"待缘而起"，与"境界缘"相结合，才能构成"佛性"。佛教东传中国以后，特别是南北朝时，关于佛性的争论形成了一股思潮。佛性是否为一切人都具有？它是"本有"还是"始有"？在众多参与争论的高僧中，竺道生孤明先发，首倡"一阐提人皆得成佛"，即认为一切众生皆有佛性，所谓"一切众生，皆当作佛"。此说一度被视为邪说异端，频受非难，至《大般涅槃经》译出，"一切众生，悉有佛性"有了经典依据，"一阐提人"也可成佛也就顺理成章。隋唐之际，佛性论思潮余波未了，隋吉藏总结各家关于"佛性"说法，竟有十二家之多。据说唐玄奘西行求法，解决佛性问题也是其重要使命。

禅宗从创宗开始，其基本立场就是一切众生皆有佛性。传为达摩所撰之《二入四行论》称："深信含生，凡圣同一真性。"这个"真性"就是佛性。禅宗认为，佛性对于人人来说，都是一切具足，在佛不多，在俗不缺。这种佛性，不仅是一切众生均皆具有，而且是同一的，即具有内在的统一性。从这一点讲，人人均可成佛。禅宗在中土传至四祖道信、五祖弘忍，他们以《楞伽》《般若》传宗，以双峰山、东山为比较固定的道场，以坐禅与劳作相结合，广开法门，不择根机，使"东山法门"成为一时的禅门中心，他们也都根据大乘佛教佛性论的观点，认为人生来就具有与佛一样的本性，称之为佛性或自性、本心等。他们认为，佛性或者自性具有纯洁清净的本性，但受到情欲恶念的染污，心性失去了本来的光泽，只有通过专心坐禅修行，才能彻底断除内心的情欲杂念，显现心的清净本性，从而达到觉悟解脱。神秀及其弟子普寂等人的禅法主张也与之一脉相承。

神秀继承发扬了东山法门关于佛性的理论，他旗帜鲜明地宣扬"心者，万法之根本"，从宇宙的高度阐发了人解脱成佛的根据问题，认为心是宇宙的实体，是世界的本原，是永恒不朽的宇宙的终极存在，而人人皆有佛性的思想成为其禅法的基础，这一思想在《坛经》中那首著名的偈颂中可见一斑。

敦煌本《坛经》中，神秀的偈颂作：

> 身是菩提树，心如明镜台。
> 时时勤拂拭，莫使有尘埃。

根据敦煌本《六祖坛经》的记载，五祖弘忍拟通过公开征集偈颂的方式选拔接班人，上座神秀和惠能先后呈偈，弘忍认为神秀的偈颂尚未见性，便将衣法另付嘱惠能。针对神秀的《无相偈》，惠能完成了自己的偈颂，这也成为惠能得法的契机，我们不妨将惠能的偈颂称之为《得法偈》。无论《坛经》中记载的这个故事是否真实，无论历史上是否真实存在过神秀所写这一偈颂，它的确反映了北宗禅法的基本思想，对研究禅宗思想史具有重大参考价值。

其一为：

> 菩提本无树，明镜亦无台。
> 佛性常清净，何处有尘埃？

其二为：

> 心是菩提树，身为明镜台。
> 明镜本清净，何处染尘埃？

20世纪20年代起，若干西夏文《坛经》残片陆续被发现。30年代罗福成曾发表研究论文，日本学者也曾经发表过研究成果。其后又续有发现。这些《坛经》残片现分藏各处，计十二个残页。史金波有考释译文《西夏文六祖坛经残页译释》。据史金波等学者研究，从纸张、笔迹等形态看，诸残页原来均属同一写本。西夏文《坛经》是根据汉文《坛经》翻译的，有的研究者主张，它的底本就是敦煌本，这一观点可备一说。无论如何，在现存诸《坛经》存本中，西夏文本的年代与流行地域最接近敦煌本，行文也最接近敦煌本，因此它可以成为研究敦煌本《坛经》时的重要参考资料。值得注意的是，十二个西夏文《坛经》残页中，恰好保存了神秀的《无相偈》与惠能的《得法偈》，西夏残本《坛经》神秀《无相偈》的内容，与敦煌本相比，完全相同，作：

> 身是菩提树，心如明镜台。
>
> 时时勤拂拭，莫使有尘埃。

而惠能《得法偈》，西夏残本则作：

> 菩提本无树，明镜亦非台。
>
> 佛法常清净，何处有尘埃？
>
> 心是菩提树，身即明镜台。
>
> 明镜本清净，如何染尘埃。

关于神秀与惠能偈颂的差异，从文献学角度来考察，敦煌本与西夏文残本基本相同，即便有一些差异，也大抵是两种语言的翻译所造成的。从写作手法来看，无论是《无相偈》还是《得法偈》都用譬喻手法写成，如何理解作者使用的这些譬喻手法及其真意，成为理解这些偈颂意义的关键。

在神秀的偈颂中，首句所谓的"身"，显然指五蕴色身，这应该没有问题。由于"树"也是因缘所成，所以如果把五蕴色身譬喻为一般的树，应该也没有问题。问题在于佛教为了强调五蕴色身"无我"，脆危可厌，无常变迁，不可依恃，所以常常把它譬喻为中空的芭蕉树。而神秀却用"冬夏不凋，光鲜无比"的佛教宝树菩提树来譬喻五蕴色身，他在此想说明什么呢？

菩提树原名毕钵罗树，由于释迦牟尼在该树下觉悟成佛，而"觉悟"在梵文中称"菩提"，所以该树被称为"菩提树"，并成为佛教的圣树。此外，印度佛教早期认为佛已经涅槃，无形无象，当造像中拟表现释迦牟尼觉悟成佛这一主题时，就雕刻一棵菩提树。由于菩提树可以譬喻觉悟成佛，所以神秀的"身是菩提树"句，显然不是指五蕴色身脆危可厌，而是指犹如菩提树代表菩提、觉性那样，修行者的肉身也内蕴着佛性。所以"身是菩提树"这句偈颂，正确的读法应该是"身是菩提之树"，强调了"菩提"这一特性，亦即强调了人身内蕴的佛性。

下句"心如明镜台"则正面论述佛性。"心"的意义在佛教中甚为复杂，有时等同于"心识"，指在现实世界中活动的人的精神作用；有时等同于"心性"，则指本性、佛性。神秀偈颂中的"心"是后者。这可以在神秀系著作《天竺国菩提达摩禅师论》中得到印证。如"言达心门者，由常看守心故，渐达自心本性清净，不为一切烦恼诸垢之所染污，犹如虚空"；"觉心者，是觉悟之心，即是真佛，即是菩提"。"心"既指佛性，则"心如明镜台"这句偈颂，究其本意，是指心性像明镜一样，本体湛然常净，且可观照万物。

所以，神秀偈颂第一句讲人身内蕴佛性，第二句讲佛性湛然常净。第三、四两句"时时勤拂拭，莫使有尘埃"，则表述了"心性本净，客尘所染"这一印度部派佛教的古老命题。只是"心性本净，客尘所染"讲述的是"心性"与"客尘"的关系；而神秀则强调了修行者由此必须时时警惕，保持其心性湛然清净的本性，不被外界客尘所染。两者各侧重不同。

由此看来，神秀在本质上也是一个佛性论者，与惠能并无差异。他在偈颂中以菩提树譬喻"身"，显然并不符合佛教对"身"的传统解义，但就其论述的"一切众生皆有佛性"的主题而言，并无什么错误。但"菩提"（觉悟、佛性）本身是无形象的，而菩提树是有形象的，神秀的这句偈颂，有给无形象的菩提赋予形象之嫌。而下句的"心如明镜台"却大有问题。虽说神秀这句话的本意，是指"心如明镜"，即指心性像明镜一样，本体湛然。但由于偈颂字数的限制与对仗、押韵的需要，末尾加了一个"台"字，这样，全句可紧缩为"心如台"。这也就是说，"明镜"一词由原来限定、说明主语"心"的宾

107

语变成了修饰"台"的定语，而"台"却成了宾语。这样就与神秀的原意大相径庭，也为惠能的反驳留下了契机。

敦煌本《坛经》神秀偈颂末句作"莫使有尘埃"，传世本则作"勿使惹尘埃"。文字略有差异，思想完全不同。"莫使有尘埃"，指的是修行者要努力排除客尘的污染，不要让佛性被客尘覆盖。这时的佛性，不但湛然自净，而且如如不动。但"勿使惹尘埃"一句所展示的，则是一个积极的、努力向外体验、向外活动的佛性。此时修行者的任务，是要控制这个佛性的活动，不让它惹是生非。两句不同的偈颂，反映的是两种截然不同的佛性观。为什么会有这种差异？这是否反映了后代禅宗理论的演变？值得今后认真研究。

从神秀偈颂第三、四两句来看，反映了他的思想没有能够脱出小乘"诸恶莫作，众善奉行，自净其意，是诸佛教"的窠臼，难免受到惠能的批评。也由于叙述不严密，神秀偈颂留下了让惠能攻击的漏洞。惠能的两首偈颂都是针对神秀偈颂而作。

神秀说"身是菩提树"，主要指人身内蕴佛性。对于人身内蕴佛性这个问题，惠能并不反对。但惠能从另一个角度提出问题："菩提本无树"。菩提树明明是一种树，为什么惠能说"菩提本无树"呢？从俗谛来说，菩提树是树，这一点惠能与神秀都赞成，没有疑问。但神秀《无相偈》中的"菩提树"并非普通的菩提树，而是"菩提之树"，是用菩提树来譬喻"菩提"。这有给"菩提"赋予形象之嫌。这个漏洞，马上被惠能抓住。菩提作为真如佛性本来是无形无象的，怎么能给它赋予形象呢？正如后代禅师所说："说似一物即不中。"所以，惠能的"菩提本无树"并非说菩提不是树，而是指责神秀对佛性的认识有偏差。

神秀之"心如明镜台"的正确表述应该是"心如明镜"，指佛性像明镜那样湛然常净。但由于末尾多缀了一个"台"

字，于是惠能便抓住这一破绽发起攻击，指出"明镜亦非台"，亦即"湛然的佛性不可能是什么台。"公平地讲，佛性无形无象，是当时佛教僧人的共识。神秀不至于连这点基本常识都没有，只是因叙述不当，出现疏漏。从主观上看，神秀的偈颂所表述的主题，实际并没有涉及佛性有无形象的问题。但从表述的客观效果看，第一、二句的确都可以引申出佛性的形象问题。其中，第一句用菩提树来譬喻菩提，如果说只是依从佛教的传统习惯，还情有可原的话，第二句末尾多缀的这个"台"字，则使神秀无法自我辩护，只好低头认错。

身心的关系，佛性的有无形象都不是惠能、神秀交锋的要点。两者差别的关键在第三、第四两句。在神秀看来，世界有净有染，要守净防染；而惠能则坚定地维护缘起性空，当下即净。神秀是有善有恶，有分别；而惠能则"不思善，不思恶"，超脱分别，任运自然。神秀要起心看净，惠能则认为执着善恶染净都是迷惑人的妄念，佛弟子应该于一切法上无有执着。"佛性本亦无差别，只缘迷悟。迷即为愚，悟即成智。"所以神秀《无相偈》说"时时勤拂拭，莫使有尘埃"。而惠能《得法偈》说："佛性常清净，何处有尘埃？"两人的境界高下，在这里截然分明。

如果说惠能的第一首偈颂是专门破斥神秀的观点，第二首偈颂则借用神秀的偈颂正面阐述自己的观点。

"心是菩提树"，实际是说"心是菩提"，亦即人的心性就其本质来说就是佛性，与佛性等同不二。由于剥用神秀的原偈颂，也由于偈颂体裁的限制，惠能在这里也多缀了一个"树"字。如果单纯地就这句偈颂来讲，可以说惠能的这句话也犯有与《无相偈》同样的毛病。但是有了第一首偈颂的"菩提本无树"作铺垫，则惠能的这句话也就无过了。

"身为明镜台"，讲身心关系，亦即"身"只是"明镜（佛性）"的依托。比较而言，惠能的说法比神秀的说法要准确得多。

"明镜本清净，何处染尘埃"，这两句与第一首偈颂的后两句意思完全一样，再次批评了神秀强分染净的错误观点，强调自己的论点。

如上所述，惠能的这两首偈颂虽是对机而作，却是一个完整的整体。先破后立，阐述了彻底的一元佛性论的立场。后代的《坛经》修订者不能真正领会惠能的思想，将这两首偈颂修改成：

> 菩提本无树，明镜亦非台。
>
> 本来无一物，何处惹尘埃。

关于这一修订，学者郭朋曾经提出批评，指出："就拿为后人所篡改的'本来无一物'这句偈语来说吧，千百年来，人们认为这就是惠能的思想。其实，只能说它是被误解了的般若思想，而绝不能说它是惠能的思想。""本来无一物"，未免有"恶趣空"之嫌，笔者赞同郭朋的上述批评。

陈寅恪《禅宗六祖传法偈之分析》一文收入《金明馆丛稿二编》，文中曾经对惠能的上述偈颂提出了大致三方面的批评，分别为：第一，惠能第二偈中"心""身"应须互易，当是传写之误。亦即陈寅恪认为惠能第二首偈颂的"心是菩提树，身为明镜台"原文应该如神秀偈颂一样，是"身是菩提树，心如明镜台"。第二，此偈之譬喻不适当。陈寅恪认为："菩提树为永久坚牢之宝树，绝不能取以比喻变灭无常之肉身，致反乎重心神而轻肉体之教义。此所谓譬喻不适当者也。"第三，此偈之意义未完备。何谓意义未完备？陈寅恪解释说："细绎偈文，其意在身心对举。言身则如树，分析皆空。心则如镜，光明普照。今偈文关于心之一方面，仅言及譬喻。无喻其取譬不伦，即使比拟适当，亦缺少继续之下文，是仅得文意之一半。此所谓意义不完备者也。"这些批评影响很大，至今引起许多学者的兴趣，学者们见仁见智，有的表示赞同，有的认为惠能读经不多，应该网开一面，不能严格要求。当代学者方广锠先生针对陈寅恪的批评有仔细的分析，认为惠能的偈颂逻辑严密，无可指责。

　　撇开神秀与惠能偈颂的高下问题，在一切众生皆有佛性这一点上，惠能与神秀的看法是一致的。惠能第一次参见弘忍，面对弘忍的诘问，就曾说："人即有南北，佛性即无南北，獦獠身与和尚不同，佛性有何差别。"意即人可分南北，而佛性无南北之分，人可以有獦獠与和尚的不同，而佛性无有差别。可见也是认同佛性人人禀有，在成佛面前众生平等的思想的。在反映惠能禅法思想最为全面的《坛经》中，这一思想也得到了充分的体现，如文中"但识众生，即能见佛，若不识众生，觅佛万劫不可得也……后代世人，若欲觅佛，但识众生，即能识佛。即缘有众生，离众生无佛心"，就反复强调了人人都有佛性的思想。

　　惠能与神秀佛性论的最大不同，则在于神秀禅法首重"心"的修行，以"观心"统摄一切修行，认为是达到解脱的最简便易行的方法，而惠能的禅法则认为人的心性就其本质来说就是佛性，与佛性等同不二。惠能认为："不识本心，学法无益；识心见性，即吾大意。"在惠能看来，佛教八万四千法门，归根结底，要在"识心见性"上下功夫。这是惠能的基本思想，也是贯穿整部《坛经》的基本思想，也是惠能与神秀禅法的重大差别所在。

心是万法的根本

　　神秀认为，心是世界万物的本原和依据，并以"观心"统摄一切修行，认为在禅定中观想心、了悟心即是在现世中达到解脱的最简便易行的方法。何谓解脱呢？所谓"解脱"，就是要解脱此岸世界的束缚，到达彼岸世界。这就产生了一个问题：为什么人要摆脱此岸世界以追求解脱呢？正如佛经上所说：不了解此世界，不了解彼世界，就不可能得到解脱。从人生现实问题入手，寻求人生乃至宇宙万象的真实本质，为求得解脱作论证，探索人生真义、宇宙的实相，也就成了佛教哲学的理论轴心。

早期的小乘佛教，以四谛说为佛教的人生观，这种说法将人的存在价值、道德伦理、宗教解脱融会于一体，以苦、集、灭、道"四谛"为中心，探求个体如何从生死苦恼中解脱出来的问题。苦谛是佛陀对人的存在价值作出的基本判断，认为人乃至一切存在都充满种种痛苦，表现为生、老、病、死、爱离别、怨憎会、求不得、忧悲恼等八种。集谛讲的是造成苦难的原因，佛陀认为，人生无常无我，生必有死，没有自在的本体，但众生"无明"，即愚痴蠢笨，不明教理，处于不断的贪欲之中，造成身、口、意三"业"。有"业"必有"果"，众生因而处于永恒的生死轮回之中，遭受种种痛苦。道谛共为八正道，是个人以八种正确的生活态度和修行方式进行实践，以消除由"无明"产生的种种"业"的。

小乘佛教发展到大乘佛教，其禅观内容也不断变化，大乘初期的般若类经典开始重视宇宙本体问题，以"诸法性空""诸法实相"为代表，论证在精神上超离"空幻"的现实世界而进入"真际"（真如、法身、第一义谛）彼岸境界的问题，以在现实世界普度众生作为菩萨和佛的职责。稍后的大乘经典《华严经》《大涅槃经》以及《胜鬘经》《楞伽经》等经典，开始探究心性问题，"心"又成为佛性、真如、如来藏、阿黎（赖）耶识、自性等的代名词，禅观修行中"心"成为观想的对境，心在宇宙、人生以及解脱中的地位和作用尤其受到重视。南北朝末期编译的《大乘起信论》综合大乘佛教思想，提出了真如缘起理论，也称如来藏缘起。该理论着重论证心性问题，认为"心"统摄"一切世间、出世间法"。此"一心

（众生心，亦即真如、如来藏）"又开有"二门"，"心"净、不动的方面是"心真如门"，染包括污染，指情欲、烦恼、日常生活中思维的方面为"心生灭门"，声称真如产生一切染净、善恶之法，虽然自性清净，但由于客尘的障蔽而生烦恼不净，如来藏入于一切众生心中，因此人人皆有真如佛性，去除客尘的障蔽，显现出清净的自性，便可得到觉悟解脱。《大乘起信论》这一思想对当时佛教各派的思想有很大的影响，早期禅宗在接受大乘般若、中观思想的同时，也吸收了《起信论》一心开二门的思想。从佛教思想源流上说，神秀禅法即属于如来藏思想系统，其禅法著作《观心论》中关于觉悟解脱的论述，就尤其重视心性问题。

《观心论》一开始有一段设问，载有如下文字："问曰：'若有人志求佛道，当修何法，最为省要?'师答曰：'唯观心一法，总摄诸行，最为省要。'"意即若有人立志上求佛道，应当修习何种方法，最为方便简要？回答是只有"观心"这一种方法，总括各种修行，最为方便简要。所谓"观心"，就是以心作为观想内容的禅定。神秀首重"心"的修行，认为"观心"可以统括一切修行，是达到解脱的最简便易行的方法。"心"之重要性，在于"心者，万法之根本也。一切诸法，唯心所生；若能了心，则万行俱备"。心是万法的根本，所有的现象都是由心所生，心即世界万物的本原和依据。《大通禅师碑铭》也总结神秀的禅法为："立万法者，主乎心矣。"神秀的另一首偈颂："一切佛法，自心本有，将心外求，舍父逃走。"同样提出了"心为根本"的主张，认为一切的佛法都是自心俱有的，心若向外追求，就如同舍弃父亲逃走一般。

神秀认为，心是世界万物的本原和依据，在禅定中观想心、了悟心也就可以达到一切修行的目的，在现世中获得解脱。至于为何"观心一法，总摄诸行"，《观心论》以树根和枝条花果的关系作譬喻，解释说：如同大树的枝条和花果，都是依靠树根生长出来的；将树截断，若根部还留存，树木就能存活；若除去树根，树木就会死亡。而如同树根是枝条、花果所依附的一样，心也是人一切行为的根本，一切善恶，都是由自心所生出，所谓"一切善恶，皆由于心"。心的重要性，在于"心是众圣之源，心为万恶之主。涅槃常乐，由自心生，三界轮回，亦从心起。心为出世之门户，心是解脱之关津"。心不但是"众善之源"，也是"万恶之主"，人的善恶行为完全取决于自己的心，因此无论修心解脱、觉悟成佛，还是永堕三界，在三界的生死苦海中轮回，无不是由自己的心决定。心既然如此之重要，修行者要达到解脱，就必须着重修行内在的心识，通过坐禅观心，思索并了悟自心对善恶、迷悟的决定作用，运用佛教智慧，断恶修善，促成心识的转变。若能了悟自心，解脱求佛之道就能省力而容易成就，否则将会枉费工夫。往心外别处求取佛道的话，是不可能有的。

神秀禅法，以心为万法之根本，这与其禅法思想渊源有关。神秀继承达摩以来重视宣讲清净心性和心识转变问题的《楞伽经》的一贯传统，以真如佛性释"一心"，以真心为本体，以泯除妄心而返归真心为修禅门径。《楞伽经》倡导如来藏思想，强调自心本净，客尘所覆，因而不见净心，这与神秀的心性论思想是一致的，故而神秀的偈颂说："身是菩提树，心如明镜台。时时勤拂拭，莫使有尘埃。"据《楞伽师资记·神秀传》记载，神秀把自己的禅法归结为"体用"二字，称之为"重玄门""转法轮"。这里的"体"相当于本体，可解释为"心""真如""实相""佛性"；"用"则是心的作用，也指真如佛性显现的万象。神秀常以"此心有心不，心是何心""见色有色不，色是何色"等问句形式教人借观想"体用""心色"等来体悟真心或真如佛性是万有之本原。张说《大通禅师碑铭》也总结说：神秀以《楞伽经》的思想作为禅法的要旨，主张通过坐禅"息想""摄心"，摒弃一切情欲和对世界万

114

象所持的生灭、有无、凡圣、前后等差别观念，通过对心的修持，达到与"实相"或"真如"相契合的精神境界。神秀弟子普寂长期在洛阳的兴唐寺向僧俗弟子传授禅法，其禅法直接继承自神秀。据《大照禅师碑铭》的记载，普寂禅法要旨为："其始也，摄心一处，息虑万缘，或刹那便通，或岁月渐证。总明佛体，曾是闻传；直指法身，自然获念。……"大意即要求修行者禅观修行，首先就需要"摄心"，即息灭妄心。据唐独孤沛《菩提达摩南宗定是非论》记载，惠能的弟子神会为争夺南宗的正统地位，批评神秀北宗所传禅法是引导人们渐悟的"渐教"，说神秀北宗一系的禅法要领是"凝心入定，住心看净，起心外照，摄心内证"，从侧面反映了神秀对心的重视。

综上所述，神秀继承达摩以来《楞伽经》以心为宗的一贯传统，重视心性的清净本性和心识的转变问题，以心为万法之根本。正是基于这一基础，神秀的解脱论以"观心"为核心，认为"观心"可以统括一切修行，是达到解脱的最简便易行的方法，通过"观心""了心""摄心"，息灭妄心，显现清净真心，就能脱离生死苦海，在现世达到解脱。

心性本净

"性体清净"是禅宗所共同奉行的思想，从菩提达摩到神秀，都认为佛性是真心、清净心。传为达摩所撰之《二入四行论》称："深信含生，凡圣同一真性。"这个"真性"就是佛性。神秀的《无相偈》便是以湛然清净为心之本性。"心"的清静本性，正如神秀北宗一系的《最上乘论》所说："修道之本体，须识当身。心本来清净，不生不灭，自性圆满清净之心。"《大乘无生方便门》也说："佛心清净，离有离无。身心不起，常守真心。什么是真如？心不起，心真如；色不起，色真如。心真如故，心解脱；色真如故，色解脱。心、色俱离，

115

即无一物，是大菩提树。"众生因为具有真如佛性，因而与佛平等，因此，众生只要"守"住此"真如"之心而不生分别，不起妄心，则可达到"心真如""色真如"的境界而最终成佛。

神秀北宗一系认为心性本净，但为客尘所染，华严宗五祖宗密《圆觉经大疏钞》卷三之下即把北宗禅法的特点概括为"拂尘看净"。他在《中华传心地禅门师资承袭图》卷二总结北宗禅法说："北宗意者，众生本有觉性，如镜有明性，烦恼覆之不见，如镜有尘暗。若依师言教，息灭妄念，念尽则心性觉悟，无所不知，如磨拂昏尘，尘尽则镜体明净，无所不照。"在《禅源诸铨集都序》中，他则把北宗归到所谓"息妄修心宗"之内，说此宗主张的禅法是："须依师言教，背境观心，息灭妄念。念尽即觉悟，无所不知。如镜昏尘，须勤拂拭，尘尽明现，即无所不照。又须明解，趣入禅境方便，远离愦闹，住闲静处，调身调息，跏趺宴然，舌拄上颚，心住一境。"北宗禅之心性本净、客尘所染的心性论命题由此可见一斑。

心性本体湛然自净，"但为客尘妄覆，不能显了"。也因为如此，虽然一切众生皆有佛性，人人均有成佛的可能性，但有人能够觉悟成佛，也有人尚在生死苦海中沉沦。那么什么叫"客尘"？"客"表示它是外界的、外在的，与众生内在的真如佛性是一种相比较、相对立的存在。"客尘"即是相对于"自性清净"的存在。"客尘"就是无明，就是烦恼。它本来并非众生心性中固有的存在，因迷理而起，故称为"客"；又以烦恼能污染心性，犹如尘埃之染污万物，故称为"尘"。既为"尘"，则表示它是一种与精神性存在相对的物质性的存在。真如佛性是众生的本性，则"客尘"是非本性的第二性存在。

既然佛性是清净无染的，是无比圆满的，它又怎么能被客尘所污染呢？佛性与客尘，到底是一种什么关系呢？北宗的文献《楞伽师资记》这样解释佛性与客尘的关系："空中云雾，终不能染污虚空，然能翳虚空，不得明净。"也就是说，佛性犹如虚空，本身自然清净、无比圆满，不可能被染污，但是客尘犹如虚空中的云雾，云雾虽然不能污染虚空，却可以覆盖和遮蔽虚空。同理，客尘可以覆盖和遮蔽佛性。处于这样一种对佛性与客尘关系的认识，神秀北宗禅法主张努力去除客尘的覆盖和遮蔽，以保持佛性湛然自净的本性。然而，人生活在三界这一物质性的世界中，各种各样物质性的客尘总是不断涌来，引诱人、蒙蔽人，使人产生各种各样的烦恼，所谓"心遇外缘，烦恼横起"。所以，一个修持者，就应该时时保持警惕，守住清净的本性，不要让它被客尘所染，并应该用各种宗教修持的方式，把元始以来蒙蔽、遮盖在佛性上的各种颠倒妄想清除掉，犹如把虚空中的云雾统统除去，内在的佛性便可显示其湛然自净的本性。《坛经》中，神秀偈颂的本意也在于此。

在神秀看来，就像菩提树蕴藏着神性一样，人身（或称一切众生身）内在都蕴藏着佛性。这佛性就像明镜一样，本体湛然自净。修行者的任务，就是要保持明镜的自净，不要让它被客尘所染污、覆盖。正是基于以上认识，他们主张"凝心入定，住心看净"等禅定功夫，来防止客尘染污佛性。

惠能南宗一系也主张心性本净，有"为浮云盖覆"的说法，但他的"心性本净"与神秀所说的明显有所区别。神秀所说的本净心性与客尘烦恼，有自体与外铄、本体与客体之分。清净心是本体，是自身禀有的，而烦恼是外铄的、附属的。因此神秀强调坐禅修行，主张住心观净，认为只有除去尘垢烦恼，本体还自清净。惠能则认为，烦恼即是菩提，无二无别，所谓客尘烦恼，并不是独立于心性之外的东西，它和本净之心没有主客之分。所谓佛性，"本自清净""本自具足"，心只是那一个心，它在任何情况下也就那么一个样子，这就是"如如"。因此，他的《得法偈》所表明的就是在佛性之外并不另有尘埃存在，自性与佛性原本体一不二，所以修行只在于"一切尘劳妄念，虽在自性，自性不染着"。只要自识本心，就可直了见性，顿悟成佛。

与神秀的"心性本净"思想不同，惠能反对"心性本净""客尘所染"的传统论断，更强调"心"的"本觉"属性，提倡"心性本觉"。本觉，就是本来觉悟。在惠能看来，众生的心本来觉悟，昭昭不昧，了了常知，具足无量功德。正如《坛经》所说："菩提般若之智，世人本自有之"，"自色其中……自有本觉性。"神秀认同佛性指成佛的可能性的传统看法，而惠能则更进一步，将佛性与佛等同，认为"识自本心，是见本性"，"佛是自性作，莫向身外求"。自心即佛，佛即觉悟，所谓"佛者，觉也"，"自性觉，即是佛"。在惠能看来，佛就在自心中，只须自我觉悟，就可在自心中体认佛性，因此"但用此心，直了成佛"。正因为"心中众生，各于自身。自性自度"，所以要想解脱成佛，就应当向自己的内心去寻找。惠能的"心性本觉"，就是说众生本来是佛，本来觉悟；众生即佛，自心即佛，只是他们现在尚未认识到自身就是佛，一旦觉醒，"一悟即至佛地"。因此，只要众生在主观上彻悟本觉的自心，直了见性，便可顿悟成佛。其禅法修行主要靠内心领悟，肯定了人们本性中所存在的先验佛性，简化了成佛的程序，使南宗禅获得了极大的发展，并因缘际会最终取代北宗禅成为正统。

心性的二元性

神秀认为人人皆有佛性，并将众生的本性定位为"自心"，心之体为"一"，为自性清净的真心，为众生与佛共有的本体，但心性却有区别，具有净、染二元属性，这是其心性论的一个显著特点。神秀将净心、染心都看作"自然本来俱有"，"净心"湛然清净、未被污染，为"真如之心"；"染心"被生死烦恼缠裹，为"无明之心"。两者并存，但互不相生。净心是众生超脱生死烦恼、证悟解脱成佛的内在原因；染心遮盖众生先天禀有的"真如之心"，是众生造恶业，遭受生死轮回种种痛苦的内因。换言之，神秀虽以众生之本性来诠释"自心"，但"自心"并非众生之本体，其众生之本体是安立于真心之上的。

神秀的二元心性论借鉴了《大乘起信论》"一心开二门"的思想。《起信论》解释"真如"说："一切法从本以来，离言说相，离名字相，离心缘相，毕竟平等，无有变异，不可破坏，唯是一心，故名真如。"即以心性为如，真如即"一心"，也即"众生心"。神秀北宗文献《大乘无生方便门》也以真如佛性释"一心"，说："佛心清净，离有离无。身心不起，常守真心。什么是真如？心不起，心真如；色不起，色真如。心真如故，心解脱；色真如故，色解脱。心、色俱离，即无一物，是大菩提树。"即认为众生与佛都具有真如佛性，真如之心不生分别，不起妄心，只有达到"心真如""色真如"才能最终解脱成佛。《最上乘论》也说，众生之"真心者，自然而有，不从外来"。

但神秀的二元心性论与《起信论》对"一心"的解释并不完全相同。《起信论》的作者认为，宇宙万有，包括一切世间法和出世间法，唯是"一心"即"众生心"所造。为了说明"一心"的性质，在调和阿赖耶识缘起和如来藏缘起理论的基础上，该论提出了著名的"一心开二门"之说："依一心法有二种门，云何为二？一者心真如门，二者心生灭门，是二种门皆各总摄一切法。""真如门"相当于对本体界的说明，而"生灭门"则是对现象界的解释，两种门包含着世界一切现象。在这里，"心真如者，即是一法界大总相法门体，所谓心性不生不灭"，大体相当于"无垢识""寂灭心"，即"如来藏"。"心真如"又具有二种规定性，一者"如实空"，指它从本心来，与"一切染法不相应"，"离一切法差别之相"（离相），"无虚妄心念"（无念）；二者"如实不空，以有自体具足无漏性功德故"，即此真心"常恒不变，净法满足"；"心生灭者，依如来藏故有生灭心。所谓不生不灭与生灭和合，非一非异，名为阿黎耶识"，据此，阿黎耶识就是生灭门。由于这种生灭心依赖于心的"不生不灭"而存在，是心不生不灭结合心生灭的产物，"真如心"始终是阿黎耶识产生的根源。

神秀的真妄二心的思想源于《大乘起信论》"一心开二门"即一心而有心真如门和心生灭门的思想，认为真心是宇宙的本体，众生之"真心者，自然而有，不从外来"，提出与真心相对的染心或称妄心，又称"无明之心"。众生未悟未修成的"自心"便是真心与无明之心的混合体。神秀北宗禅将无明之心也纳入"自心"，把它作为"自心"的组成部分，"自心"于是成为真心、染心二元混合之心，似乎近于《起信论》所言之阿黎耶识。但神秀之心性论与《大乘起信论》不同的是，《起信论》之"一心"并不与染心同类，而是认为染心之无明是真如不守自性而有的，神秀则将染心认为是自然本来俱有的。他在《观心论》中揭橥自心的起用，有染净二心的差别，所谓："了见自心起用有二种差别。云何二？一者净心，二者染心。其净心者，即是无漏真如之心；其染心者，即是有漏无明之心。此二种心，自然本来俱有，虽假缘和合，互不相生。"神秀认为，净心是没被生死烦恼污染的无漏真如之心；染心是被生死烦恼缠裹的有漏无明之心。两者并存，但互不相生。他认为："净心恒乐善因，染心常恶业。若真如自觉，觉不受所染，则称之为圣，遂能远离诸苦，证涅槃乐。若随染造恶，受其缠覆，则名之凡，于是沉沦三界，受种种苦。"要觉悟成佛的话，必须使清净的真如本性不受染污，才能远离诸般苦恼，证得涅槃之乐。若造作恶业，心受污染，染污之心遮盖了真如之心，就会使人受世俗情欲牵引造"恶"，沉沦于三界轮回之中，遭受种种苦痛。《观心论》中还说："一切恶业自由心生"，

"三界业报，唯心所生。本若无心，则无三界"。在神秀看来，既然恶业由自心生，众生只需要观摄自心，使心远离诸般邪恶之念，三界六趣的轮回之业果也就自然消失，种种苦痛也不再缠绕，这样就能达到证悟解脱。神秀《观心论》中所说："心者，万法之根本也。一切诸法，唯心所生。"这个能生万法的心，实际上是指妄心，在这个妄心之内，包藏有真心。神秀的观心法门所观的，实际上就是要观妄心之空幻，而得真心，正如《大通禅师碑铭》载："观心若幻，乃等真如。"

《大乘起信论》的一心二门思想中，心真如门或真心为心之体，心生灭门或妄心为心之用。体指的是世界宇宙万物的本体，也是众生求得解脱的根本依据；用则指世间的一切现象；体用就是一心的本体和作用两方面。神秀以"体用"范畴来组织自己的禅法体系，据《楞伽师资记》载，神秀曾说："我之道法，总会归体用两字，亦说重玄门，亦说转法轮，亦说道果。"这里，"重玄门"指神秀禅法中禅理的部分，所谓玄门之说，采用了华严宗的说法；"转法轮"指传法弘禅；"道果"是指禅行修持。由于以一心有真心染心之别，神秀所言体用并非二者合一，而是如敦煌本《大乘无生方便门》所说的那样，"体用分明，离念名体，见闻觉知是用"。他以"见闻觉知"释"用"，因而可有"净心"与"染心"之二用。其心之体为"一"，为真心，但心用却有区别，体用关系明显呈割裂状态。吕澂《中国佛学源流略讲》从体用互即的高度对北宗禅的体用关系作了说明："他（神秀）不是从体用相生（有体才有用）方面体会的，而是从体用互即方面体会的。互即，就是说体用的性质不同，以动静为例，寂然不动为体，感而遂通为用。二者相即，就是说由静而观动；由动而观静。"有学者指出，北宗禅所说的体用互即，并没有达到即体即用之理论高度。如果说二"用"可统一于某处的话，此中介并非本体，而是"自心"。神秀北宗禅虽将众生之本体安立于真心之上，但却是以众生之本性来诠释"自心","自心"可分为真心与染心两种，"自心"并非众生之本体，唯有真心才为本体。只有以净心对治、磨灭染心，才能显现清净圆明的心体。

二、摄心修定观心看净——修行观

神秀北宗继承了达摩以来的传统禅修方式，对坐禅修定高度重视，其禅法以"观心看净""拂尘看净""摄心修定"为主要特点，主张通过"渐次"证悟、由定入慧，与南宗惠能不假修习、直了本心的顿悟禅风形成了鲜明的对比。

佛教的根本宗旨是教人解脱现实世界，大乘佛教又以"空"为其基本理论，建立佛教世界观，简言之，就是认识现实世界是虚空的问题。那么如何才能达到对世界虚空的认识呢？这就要求具有了解宇宙万物虚空的知识、智慧。此外，成佛不是懂得佛教道理就行的，还需要修持，即通过持戒和禅定，才能进入佛教的理想境界。禅，本是梵文"禅那"（Dhyana）的简称，鸠摩罗什意译作"思维修"，即运用思维活动的修持；玄奘意译为"静虑"，即止息妄念，安详地深思，是佛教各宗派所共同奉行的修行方式。宗密曾说："禅是天竺之语，具云禅那，中华翻为思维修，亦名静虑，皆定慧之通称也……悟之名慧，修之名定，定慧通称为禅那。"可见禅的本来意义是禅定和智慧两方面的结合。由此，佛教的全部内容被概括为戒、定、慧"三学"。"戒"和"定"的修持活动，就是宗教实践。"戒"即戒律，以防止不合乎佛教规定的思想、言论和行动。"定"，又作"止"，就是端身正坐，排除一切思虑和烦恼，即禅定侧重于实践、行的方面；"慧"又作"观"，即智慧，就是直接的观照、证悟和感受，使人断除烦恼，达到解脱，侧重于认识、知的方面。佛教的禅定就是先静坐敛心，集中精神，然后达到一种神秘的观悟和感受。这也是早期禅法修习的基本程序。佛教禅定修行的目的在于达到解脱，从某种程度上说，佛教进行的各种禅观、修持的各种戒律，是以发慧为目的的，可以说，"慧"是目的，"戒"是保证，"定"是手段。

在古代印度，不论大小乘各派佛教，甚至佛教以外的其他宗教，都很注重禅定的宗教修养方法。中土的佛教，禅宗一脉，在惠能的南宗禅出现以前，从达摩到弘忍都很注重禅修，他们根据大乘佛教佛性论的观点，以心性（又称佛性、真如等）为世界本原，认为心性本净，即人生来就具有与佛一样的本性，称之为佛性或自性、本心等，它本来是纯洁清净的，只是由于受到情欲恶念的染污才失去它本来的光泽，如果通过专心坐禅修行在内心彻底断除情欲杂念，就可使清净本性显现，达到觉悟解脱。正是继承了以上思维模式，神秀及其弟子普寂等人提出了自己"摄心修定""观心看净"的禅修主张。

神秀北宗一系的禅法，对坐禅高度重视，强调在禅定中"观心""摄心""住心看净"，通过观"空"和"息想""息灭妄念""拂尘"等，深入认识自己本具清净的佛性。敦煌本《六祖坛经》记载惠能问神秀的弟子志诚，神秀如何示众，志诚说："常指诲大众：住心观净，常坐不卧。"张说《大通禅师碑铭》总结神秀的禅法思想说："其开法大略，则专念以息想，极力以摄心。其入也，品均凡圣；其到也，行无前后。趣定之前，万缘尽闭；发慧之后，一切皆如。特奉《楞伽》，递为心要。"神秀的根本思想，从他所作示众偈说"一切佛法，自心本有；将心外求，舍父逃走"也可见一斑。由此看来，神秀的禅修要旨，主要继承道信以来东山法门重视《楞伽经》的心性清净思想，以"心体清净，体与佛同"立说，主张"坐禅习定"，以"住心看净"，为一种观行方便，强调由定发慧，因定入慧，通过"息想"即息灭妄念、"摄心"即使心不生妄念等禅观实践，摒弃思想中一切关于情欲和对世界万象所持的生灭、有无、凡圣、前后等的差别观念，使精神境界最终与本性清净的"真如""实相"相契合。

敦煌本《六祖坛经》中，神秀应弘忍之命，作呈心偈，说："身是菩提树，心如明镜台。时时勤拂拭，莫使有尘埃。"也强调要通过勤加修行，才能使众生先天所禀有的佛性之心不再受到情欲烦恼的污染，恢复明镜一般的洁净本性。无独有偶，张说《大通禅师碑铭》也用"额珠内隐，匪指莫效，心镜外尘，匪磨莫照"的句子来称颂神秀的禅法，意即只有磨去尘垢妄念，才能使心体照明，可见神秀对息妄修心的重视。敦煌本《大乘无生方便门》被认为是神秀所作，将神秀的观心禅法表达为看心、看净，"看心若净，名净心地。莫卷缩身心，舒展身心，放旷远看，平等尽虚空看"，"看净，细细看，即用净心眼无边无涯际远看"。在这里，神秀强调净心为真实无妄的本体之心，成佛的主体，但看净也是看而无看，否则对净心也是一种执着，而不能成佛。可以说，"看净"正是神秀禅法的核心所在。

神秀嗣法弟子普寂的禅法直接继承自神秀，他也强调在禅修中"摄心""息虑"。据李邕《大照禅师碑铭》记载，其禅法要旨为："其始也，摄心一处，息虑万缘。或刹那便通，或岁月渐证……"大意即通过集中精神坐禅，断绝对世界万有的思念，或在极短时间，或用很长时间，便可进入觉悟的境界。普寂坐禅观心的禅法可谓与神秀一脉相承。据唐独孤沛《菩提达摩南宗定是非论》记载，惠能弟子神会批评北宗神秀、普寂的禅法要领是"凝心入定，住心看净，起心外照，摄心内证"，也从侧面印证了神秀禅法是以"住心""摄心""看净"等为特点的。

神秀"观心看净""拂尘看净"的禅法思想从华严宗五祖宗密《禅源诸铨集都序》这一著作中也可窥见一斑，在文中，宗密把神秀北宗禅法归入"息妄修心宗"之内，并形容此宗的禅法主张为："须依师言教，背境观心，息灭妄念。念尽即觉悟，无所不知。如镜昏尘，须勤拂拭，尘尽明现，即无所不照。又须明解，趣入禅境方便，远离愦闹，住闲静处，调身调息，跏趺宴然，舌拄上颚，心住一境。"他还在《圆觉经大疏钞》卷三之下把神秀北宗禅法的特点概括为"拂尘看净"，并在《中华传心地禅门师资承袭图》卷二中有详细说明，即："北宗意者，众生本有觉性，如镜有明性，烦恼覆之不见，如镜有尘暗。若依师言教，息灭妄念，念尽则心性觉悟，无所不知，如磨拂昏尘，尘尽则镜体明净，无所不照。"北宗禅对坐禅修定的重视也从中可得以印证。

由神秀《观心论》及其所提出的"五方便门"之说，可知其主张修道证悟是有次第阶段的。神秀北宗一系的禅法，把观心、看净看成是一个心性修行的过程，主张通过观心、息想等方便手段，循序渐进地灭除一切情欲和世俗观念，达到与空寂无为的真如佛性相应的觉悟境界。神秀主张观心，至于究竟如何去观，则需要"凝心入定，住心看净，起心外照，摄心内证"。这无疑是以次第修行为依据的"渐修"。其"拂尘看净"，即"时时勤拂拭，莫使惹尘埃"，也需要以静坐禅定为条件，从拂拭尘垢，息妄止念，到证悟佛性，必然是一个渐修的过程，由渐修而渐悟，由定入慧。

神秀渐修渐悟的观心禅法，又以除三毒、净六根为主要修习内容及目的，其"观心"修行法门，继承了《大乘起信论》的真妄二心说，强调息妄修真。在《观心论》中，神秀认为，净染二心，皆本一心，人自有之，即通常所说的佛性人人皆有，而为客尘所染。世人在三界轮回，受种种苦，不得解脱，是由于无明染心障覆了真如之心，使清净的自性不能明。要得解脱，须通过观心的修行，息妄显真，去除妄念浮云，除染还净，破除无明之心，了悟真实不虚、灵明不昧的真如之心。而无明之心的根源，则在贪、嗔、痴三毒，此三毒"若应现六根，亦名六贼，其六贼者，则名六识。出入诸根，贪着万境，能成恶业，损真如体，故名六贼"。众生不得解脱的无明之心，正是贪、嗔、痴三毒与眼、耳、鼻、舌、身、意识六贼，因此《观心论》认为，破除无明之心，就是要除三毒、净六根，这也正是神秀观心禅法的主要修习内容以及所要达到的目的。神秀在《观心论》中就说，通过摄心、观心，可以"绝三毒心，永使消亡；闭六贼门，不令侵扰"，最后达到解脱。

综上来看，神秀观心看净的禅法，主张通过严格的不间断的禅观修行，断除"三毒"、清净"六根"，最后才达到解脱，即修行须按照前后、浅深程序进行，明显具有"渐次"证悟的特色，而这一点，也成为神会批评北宗的禅法"主渐"，是"渐教"，即所谓"法门是渐"的根据。

神秀北宗一系"观心""看净"的禅修主张，实际上继承了从达摩以来的强调通过坐禅达到心识转变的禅法，特别直接继承和发展了四祖道信的"守一""看心"禅法以及五祖弘忍的"守心"禅法。禅宗之东土始祖菩提达摩入嵩山少林寺，据说每天并不讲经说法，只是"面壁而坐，终日默然"，长达九年，其禅法，后人总结为"凝住壁观"。《续高僧传·菩提达摩传》载达摩修禅提倡"入道四行"，为："入道多途，要惟二种，谓理入、行入也。藉教悟宗，深信含生同一真性；客尘障故，令舍伪归真，凝住壁观，无自无他，凡圣第一，坚住不称，不随他教，与道冥符，寂然无为，名理入也。"所谓"行入"，就是"抱怨行""随缘行""无所求行""称法行"四行，主要是教人去掉世俗的爱、憎、贪诸种情欲，按照佛祖释迦牟尼的教法进行修行。所谓"理入"，就是要解决认识佛教义理的方法问题，即"藉教悟宗""舍伪归真"，抛弃语言的外壳，用心去领悟，"专唯念慧，不在话言"。其具体的做法是"凝住壁观"。所谓的"壁观"，其实是一种比喻，指人如面对墙壁，心中无所执着，荡涤一切偏执之见，实乃"安心"之术。因这一禅法不能完全脱离经教，所以又说是"藉教悟宗"。宗密在《禅源诸诠集都序》中即明确将达摩禅法总结为"安心"之说，所谓："菩提达摩以壁观教人安心，外止诸缘，内心无喘，心如墙壁，可以入道。"神秀"住心观净""住心看净"的禅修主张与菩提达摩的"凝住壁观"思想相比较，可以发现，两者实在没有多大区别。据杜朏《传法宝纪》记载，四祖道信也极重坐禅，以为"努力勤坐，坐为根本。能作三五年，得一口食，塞饥疮，即闭门坐，莫读经，莫共人语"。其禅法提倡的也是"静坐敛心"、渐次修净的次第法门，即"初学坐禅看心，独坐一处。先端身正坐，宽衣解带，放身纵体……即滔然得性，清虚恬静，身心调适，能安心神，则窈窈冥冥，气息清泠，徐徐敛心，神道清利，心地明净，照察分明，内外空净，即心性寂灭，如其寂灭，则圣心显矣"。神秀的老师五祖弘忍也以澄心静虑为法门，是主渐修的。在《修心要论》中弘忍说："既体知众生佛性本来清净，如云底日，但了然守真心，妄念除尽，慧日即现……譬如磨镜，尘尽自然见性。"弘忍的"磨镜"一说与神秀"时时勤拂拭"的偈语，可以说是异曲同工，均有拂尘看净的意思。《楞伽师资记》中，弘忍曾说："坐时平面端身正坐，宽放身心……住佛境界，清净法身，无有边畔。"说的也是静坐守心看净之法。总之，从思想渊源来说，神秀北宗一系重视禅定修习，其坐禅观心的渐修法门，使神秀禅法较多地保持着传统禅法的特色，从某种意义上来说，是菩提达摩一系真正意义上的继承人。惠能弟子神会把神秀及其渐修法门推至"师承是傍"的境地，只能说是历史的拨弄。

　　需要指出的是，四祖道信、五祖弘忍师徒两代所弘扬的"东山法门"，除坚持"一行三昧"的念佛净心、守心静坐法门外，将楞伽系思想与般若空观结合起来的倾向也是很明显的。净觉《楞伽师资记》记载，四祖道信将他的禅法思想归结为

"入道安心要方便"，把学者分为四种：有行有解有证，上上人；无行有解有证，中上人；有行有解无证，中下人；有行无解无证，下下人。又引《维摩经》说"豁然得本心"，其禅风由静坐看心一变而导向"静乱不二"。道信禅法的核心为"五方便"，即为："一者，知心体，体性清净，体与佛同。二者，知心用，用生法宝，起作恒寂，万惑皆如。三者，常觉不停，觉心在前，觉法无相。四者，常观身空寂，内外通同，入身于法界之中，未曾有碍。五者，守一不移，动静常住，能令学者明见佛性，早入定门。"这一说法一方面继承了达摩禅的心性论特色，另一方面将心性思想更多地与般若空观相结合，有随缘任用的倾向。道信不仅要求"常观身空寂"，还主张"身心方寸，举足下足，常在道场，施为举动，皆是菩提"，修禅"亦不念佛，亦不捉心，亦不看心，亦不计心，亦不思惟，亦不观行，亦不散乱，直任运，亦不令去，亦不令住，独一清净，究竟处心自明净。或可谛看，心即得明净。心如明净，或可一年，心更明净；或可三五年，心更明净"。文中引用了不少《金刚经》的话，禅法也由达摩以来的楞伽禅一变而为任心自运的方便般若。道信在对牛头法融传法时说："吾受璨大师顿教法门，今付于汝。"明确表示：东山法门即承继僧璨的"顿教法门"。弘忍也继承并发展了道信禅法之"随缘"的一面。道信与弘忍"每以顿渐之旨日省月试之"，则是探讨如何以渐修、顿悟来接引不同根基学禅人。《楞伽师资记》说，弘忍"明其观照，四仪是道场，三业咸为佛事。盖静乱之无二，乃语嘿之恒一"，这就打通了动和静、语和默的扞格，做到了在日常生活中体现宗教出世的精神境界。这一思想，后来由惠能大力弘扬，发展成为强调不假修习、直了本心、即心即佛、无修之修的顿悟禅风。

神秀"观心看净"的禅法，主张由定发慧，其禅法在实际修行中也有一定的弊端，与惠能南宗禅定慧等的思想有所差异。神秀禅法认为人生来就具有与佛一样纯洁清净的本性，由于受到情欲妄念的染污而失去光泽，只有通过专心坐禅修行，在内心彻底清除情欲杂念，才可使清净本性显现，获得解脱。其禅法思想在实践修行中坚持坐禅、净心，继承的是传统意义的禅定修习，并没有摆脱印度冥想实践的影响。这种禅修方式，在某种程度上把定慧分割为两个方面或步骤，主张由定发慧。由于定慧分离，定慧割裂，在实际修行中，往往造成对禅法的褊狭理解的弊病，导致注重"定"而忽略"慧"的情况，这样一来，手段反而成了目的，造成只重外在打坐，只注重外在的行为仪范和道德表象，而忽视了更为重要的内在的宗教认识和内心的觉悟，于是那种说得好听、做得好看而内心邪恶的虚伪表现大行其道。惠能对"先定发慧，先慧发定，定慧各别"的传统禅法予以否定，批评了当时修行者为佛教修持方式的死板烦恼而又不得要领、知行不一的现象，并提出了"定慧等学"的主张，《坛经》中就此解释说："我此法门，以定慧为本。第一勿迷言定慧别。定慧体一不二，即定是慧体，即慧是定用，即慧之时定在慧，即定之时慧在定。善知识，此义即是定慧等。"大意即定慧体用一如，二者即体即用，并没有先后步骤之分，所谓"定慧一体，平等双修"，这就避免了那种只重外在形式，而忽视内心觉悟的偏颇，要求修持者言行一致、表里如一，使内在的觉悟认知与外在的具体行为相符合，使意识和行为相统一。惠能的这一主张突出了心的觉悟，更加强调"慧"的作用。

惠能南宗一系也反对北宗坐禅修习的传统修行观。神秀禅法，较重传统的坐禅修习，《坛经》中神秀的弟子志诚就说神秀"常指诲大众：住心观净，常坐不卧"。惠能对此加以反对，他认为"道由心悟，岂在坐也"，批评住心观净、长坐不卧的禅法"住心观静，是病非禅；长坐拘身，于理何益"。他还说偈讥讽这一禅法为："生来坐不卧，死去卧不坐。一具臭骨头，何为立功课。"神秀北宗一系禅法讲求静坐不动、摄心求净，强调通过观心达到"离念""不动"的入定。在惠能看来，心性本来清净，静坐不动、摄心求净完全没有必要，因为"本性自净自定""心地无非自性戒"。他认为，所谓观心清除杂念，可见仍然是有心可观、有定可修、有慧可发，亦即是有所执着的。有学者提出，南北两宗最大的差异，在于北宗是渐修，南宗是顿悟；北宗重在行，南宗重在知；北宗主由定生慧，南宗主以慧摄定。这一看法是颇有见地的。

在般若非有非无的空之理论的指导下，惠能的禅法强调以不修为修，无证为证，这与神秀的禅法主张是相对的。惠能对禅定作了新的解释："此法门中，何名坐禅？此法门中，一切无碍，外于一切境界上，念不起为坐，见本性不乱为禅。何名为禅定？外离相曰禅，内不乱曰定。"在他看来，坐禅并不仅仅限于打坐。据说他见人结跏趺坐，"曾自将杖打起"。他不仅反对修行者将打坐念经作为修行成佛的主要途径，认为坐禅不但不能使人成佛，反而会离佛更远，还教人不要累世修行，只要自识本性，内心觉悟，所谓"菩提只向心觅，何劳向外求玄？听说依此修行，西方只在目前"。禅林中有一广传的"磨砖岂能成镜"的故事，就很好地体现了惠能对坐禅的看法。据说唐代著名禅师马祖道一在未拜惠能门人南岳怀让为师前，曾在衡山结庵而住，整日坐禅苦修。某日怀让上衡山，见马祖虔诚专注地坐禅，有心点拨，便问：你为什么要坐禅呢？马祖答说为了成佛。怀让顺手拿起一块砖在庵前石头上磨。马祖果然好奇，问：师父你磨砖做什么？怀让说：想磨成镜。马祖大惑不解地问：磨砖怎么能成镜呢？怀让说：磨砖既不能成镜，坐禅岂能成佛呢？马祖豁然开朗，心下便悟，从此放弃坐禅苦修。其实，怀让磨砖成镜，只是要马祖认识到求道不拘形式，心悟即可成佛。惠能把"佛性"移植到人们的内心，强调直了本心，即可成佛，甚而否定一切外在的修行形式，并扩大坐禅的范围，强调在行住坐卧等日常修行经验中获得"心悟"成佛。他引用《维摩经》"直心是道场，直心是净土"的说法，认为："于一切时中，行住坐卧，常行直心是。"他一再强调"平常心"，注重在日常的言行中见性成佛，"佛法在日用处，行住坐卧处，吃饭吃茶处，语言相问处，所作所为处"。王维《六祖能禅师碑铭》也将惠能这一禅法总结为："定无所入，慧无所依；举手举足，常在道场。"惠能打破了世间与出世间的界限，肯定了在现实人世成就无上佛道的可能性，认为成佛悟道就在日常行为用事当中，即所谓的"法元在世间，于世出世间，勿离世间上，外求出世间"。这一思想强调从入世中见到出世，在现实人世成就佛门正觉，为其弟子所发扬光大，如神会就说："若在世间即有佛，若无世间即无佛。"慧海也一再强调解脱不离世间："非离世间而求解脱。"

禅宗自惠能以来，主张用智慧观照，"不假文字"，即通过智慧领悟佛法，顿悟成佛，所谓"令学道者，顿悟菩提，各自观心，自见本性……智慧观照，内外明彻。若识本心，即本解脱"。在这里，惠能摈弃了全部传统的修习方式，强调以宗教的悟解来取代外在的行为。在他看来，佛法修习，全在于觉与不觉，悟与不悟，悟在于心，非关坐卧。其后"五家七宗"各代祖师更将这一禅法思想加以发展，用一些听似不着边际的话说明佛法，叫作"机锋"。如临济宗创始人义玄师从希运，一次，希运带领众僧徒锄谷，义玄紧随其后。希运回头见义玄两手空空，便问锄在何处，义玄回答说有人拿去了。希运让他过来，竖起锄头问义玄说："只这个天下人拈掇不起，还有人拈掇得起吗?"义玄就手竖起锄头，说："为什么却在义玄手里?"希运说："今自有人普请。"说完就回禅院了。这里需要解释的是，普请是百丈怀海制定的僧规，即大小僧侣都要共同参加生产劳动，一视同仁。从这些不着边际的话中可以看出，惠能以后的禅宗对传统禅修方式的改变，他们不仅不重坐禅，经典教条、佛爷祖师，一切都不在话下。到了晚唐，更发展到呵佛骂祖、非经毁教。希运的无心禅法，就到了否定佛祖的地步。在他看来，达摩西来，是"无风起浪"；世尊拈花，是"一场缺败"。沩仰宗灵佑与慧寂有一段著名的公案，说有一次灵佑问慧寂："《涅槃经》有四十卷，多少是佛说的？多少是魔说的？"慧寂回答说："都是魔说。"灵佑点头。其否定一切的禅法思想由此可见一斑。

自惠能开始，传统的修行方式被日渐摈弃，而在日常行为用事当中成佛悟道成为禅宗的主流，后期惠能的弟子们更是大力提倡实践中禅修的形式。百丈怀海的弟子希运开创了临济宗，他曾说："语默动静，一切声色，尽是佛事。何处觅佛？不可更头上安头，嘴上安嘴。"其禅法，据他自己的说法，"一切时中，行住坐卧，但学无心，亦无分别，亦无依倚，亦无住着"。慧海不仅声称参禅学道"只是逐声色走"，而且将"饥来吃饭，困来即眠"也作为修道的一种方式。临济义玄则说："看经看教，皆是改业。"在他看来，所谓修禅，就是百姓日用的平常事，其他任何修行之道，皆是死路。

惠能之后，历经安史之乱的战火洗礼和武宗灭佛的致命打击，北宗禅日渐销声匿迹，南宗禅则一枝绽数花，"五家七宗"蔚为壮观，他们继承惠能无修之修的顿悟禅法，同样否定了传统的修行。他们主张佛性遍一切处，认为一切万物都是佛性的表现，即所谓的"青青翠竹，尽是法身；郁郁黄花，无非般若"，"运水搬柴无非佛事"。他们追求一种本自天然、自由自在的修行生活，以"本原自性天真佛"为终极目标，强调还原"父母未生时"的本来面目，突出生活和生命的原色，认为不必于日用平常行事外别有用功，别有修行，即所谓的"道流、佛法无用功处，只是平常无事、屙屎送尿，着衣吃饭，困来即卧"。所谓修行，"要行即行，要坐即坐"，只要随顺自然，依心而行即可。

总而言之，惠能开创的南宗禅法将"佛性"人性化、世俗化，甚而把修行活动由僧侣生活扩大并深入世俗生活的每个角落，把庄严的成佛境界的绝对超越性还原为"运水搬柴"的生活琐事，提出"若欲修行，在家亦行，不由在寺"的禅法，强调在人的平凡生活中成佛转圣。这种纯任自然、率性而行、任意而作的修行生活，无异于世俗平凡生活。这一禅法破除了对戒律教条的执着，摒弃了传统的坐禅修习方式，可以说对菩提达摩以来所持的传统禅法进行了彻底的颠覆。考察神秀北宗与惠能南宗的禅法区别，日本学者柳田圣山与梅原猛在《禅与中国》中关于禅的一段对话可以说极具代表性，文中说："神秀与神会的区别，虽然是北宗与南宗之不同，但是，北宗（神秀）与华严宗有联系，是学术的禅，而南宗（神会）以实践为主，是强调日常性的禅。"

三、离念息心戒禅合一——菩萨戒

神秀继承东山法门戒禅合一的宗风，对戒律十分重视。他所倡导的菩萨戒以心戒总摄一切戒，首重发菩提心，又称"持心戒""佛性戒"，并与观心看净的禅修实践相结合，有念佛、拜佛、礼忏等戒仪，与惠能的无相戒有很大差别。在对两者进行比较之前，让我们先了解一下佛教戒律的历史。

戒律是梵语 Vinaya（毗奈耶或毗尼）的意译。毗奈耶包括两大部分，即波罗提木叉（戒）与犍度（律），二者合称戒律。戒，实际上是制约各人行为的法则，即戒相条文；律，是维护教团的制度，包括受戒、安居、布萨等作法的规定。按照佛教的传统教义，戒律的基本含义有两方面：一为止恶，叫作"止持"，即不做禁止做的事，所谓诸恶莫做；二为行善，叫作"作持"，即做应当做的事，所谓众善奉行。

释迦牟尼在鹿野苑初转法轮，建立佛教教团，具足佛、法、僧三宝，标志着佛教的正式建立。初期的佛教教团因人数较少、生活朴素简单，主要由释迦牟尼的个人威望维系，并没有什么戒律。随着佛教的发展壮大，教团人数越来越多，成分也越来越复杂，出身、受教育程度等种种不同互相交织，矛盾与纷争开始不断出现，为世人所鄙夷、唾弃的事情也时有发生。释迦牟尼看到这一情况，开始着手制定戒律。这些戒律大都是因事而设，据律典记载，最早制定的四条根本大戒为淫戒、盗戒、杀戒、妄语戒。

按照佛教的观点，戒律的作用不在于对僧侣的消极约束，而是僧侣了却生死轮回的入门途径，其作用在于吸引僧侣，令僧欢喜，未信者信，已信者再增，难调者调，惭愧者安，断现有漏，断当来有漏，令正法久住等。在释迦牟尼看来，戒律在，佛教也就存在，僧众只要依律修行，就能获得涅槃解脱，证得圣人果位。据《遗教经》记载，释迦牟尼在临终前还教导弟子们："我入涅槃以后，你们要尊重戒律，就像在黑暗时见到光明，穷人得到财宝一样，应当知道戒律是你们的大师啊！"

佛教于两汉之际传入中国，但当时的汉地僧人只剃发染衣，没有受戒仪式，也没有所谓的戒律生活。斋戒与忏悔等则按照中国祠庙的传统礼仪进行。随着律典在汉地的先后传译，以《四分律》为主的小乘戒和以《梵网经》与《菩萨戒本》为主的大乘菩萨戒得以广泛流行。《梵网经》主要依据鸠摩罗什的中观思想，以非色非心法为戒体，授戒时，受戒者回答"能持"。《菩萨戒本》依据《瑜伽师地论》的主张，以无表色为戒体，受戒者受戒完毕，还必须起立向十方诸佛表白，由十方诸佛流露出来的戒体灌注于受戒者的身心，才得戒体。对于"戒体"是什么的问题，自隋唐以来，在律学界曾有激烈的争论，并分为南山、相部、东塔诸家之说，将戒体或定为"心"，或定为"色"，或定为"不相应行"。据道宣的解释，戒体指的戒律的本体依据，实际是特指受戒人通过受戒仪式在心中形成的对戒法的忆念、信心和持戒的意志。据学者们研究，后世汉地传授菩萨戒大抵依据《瑜伽师地论》，而持戒则依据《梵网经》。

所谓"菩萨戒"就是大乘戒，相对于小乘戒自我解脱的自利自觉，这一戒法要求僧俗四众具有大乘菩萨道利他精神。自南北朝以来，大乘戒在汉地最流行的是《梵网经》，其中规定了十重戒和四十八轻戒，据经文记载，这一大乘梵网戒源于卢舍那（报身佛）之心，与所谓佛性等同，是佛菩萨的本原；因众生的身心皆有佛性，也先天禀有此戒，即"佛性戒"；由于十重戒等源自佛身，又与佛性无分别，因而有"本原自性清净"的说法。

禅宗在四祖道信之前是否实行严格的戒律？从当时的传法环境来看，对戒律并没有太多重视。道信之前的禅师传法尚未形成较大规模的教团，其修行多孤游乞食，主要继承印度佛教依赖布施的头陀行。菩提达摩、慧可及其弟子着重于精苦的头陀行。达摩面壁，一坐就是九年，其一生到处游化，最终到底圆寂于何处也不得而知。慧可顶着鹅毛大雪礼谒达摩，一等就是六七个小时，为表决心，甚而断臂求法。与禅宗二祖慧可同一时代之僧那禅师，"自出俗，手不执笔及俗书，惟服一衣一钵，一坐一食，以为常行，兼奉头陀，故其所往，不参邑落"。晋末之释僧显，"诵经业禅为务，常独处山林，头陀人外。或时数日入禅，亦无饥色"。从现存的一些文献资料来看，自初祖菩提达摩时起，便有轻戒慢戒的倾向。如据《续高僧传》记载，持戒严谨的道宣曾批评菩提达摩门下"相命禅宗，未闲禅字"。对禅僧们不遵守僧伽律仪而行同世俗的作为更是大力批评："世有定学，妄传风教，同缠俗染，混轻仪迹"，"复有相述同好，聚结山门，持犯蒙然，动挂刑纲，运斤挥刃，无避种生。炊焚饮敢，宁惭宿触"。可见道宣对当时禅门"妄传风教"、不遵守戒律的强烈不满。当时有律学大师慧光，也对菩提达摩及其弟子慧可存有非议和指责。即便如此，自初祖达摩至三祖僧璨之时并非完全没有接触到菩萨戒的议题。如唐代安然（841~884）《普通授菩萨戒仪广释》中列出了十种菩萨戒本：梵网本、地持本、高昌本、璎珞本、新撰本、制旨本、达摩本、明旷本、妙乐本、和国本，并在论述菩萨戒小乘律时有"达摩说八胜法"的说法。"达摩本"的菩萨戒仪虽名列其中，但是其作者是谁仍存有争议，日本学者关口真大更将其作者定为南岳慧思。敦煌遗书中见有《达摩禅师论》文献，其中以"心戒"为菩萨行，引用了《佛遗教经》中强调戒行，请八万四千律仪，行慈悲行给予众生安乐等说法。此论虽题为达摩所作，但关于其作者可谓众说纷纭，日本学者中川孝推断此论是五祖弘忍的弟子对四祖、五祖思想的综合说明；铃木大拙《禅思想史研究第二》则认为前六十七段为达摩所述，后一部分为慧可所述；宇井伯寿《禅宗史研究》主张只有前八段是达摩所述，其余有些是慧可述；柳田圣山《语录的历史》认为是多个人的记录，其中第一二部分与《禅门撮要》一致，为昙林所传，第三部分是达摩、慧可禅系师徒间的问答。

由此看来，早期禅宗虽然强调教外别传、藉教悟宗，对戒律的仪式并未突出强调，但对戒律还是有一定的重视，而且实行的是以心为戒，圣严法师就在《菩萨戒指要》中总结说："中国禅宗一开始便不是依律而住，依律而行，倒是掌握了佛法的命脉，心净即是持戒。"如相传为达摩所作之《二入四行论》里，就有关于"罪"的看法，并施有灭罪的忏法，文如"无事无因，无有乐厌，体性如如，究竟无罪，其谁求是，是非不起，即戒体清净，名为尸波罗蜜"；"又言：与弟子忏悔。答：将你罪来，与汝忏悔。又言：罪无形相可得，知将何物来？答：我与汝忏悔竟，向舍去。意谓有罪须忏悔，既不见罪，不须忏悔。又言：教我断烦恼。答：烦恼在何处而欲断之？又言：实不知处。答：若不知处，譬如虚空。知似何物，而言断虚空。又（言）：经云断一切恶，修一切善，得成佛。答：此是妄想自心现"。学者们认为其中包含有罪性本空、以心为戒的思想，认为"断一切恶，修一切善，得成佛"之念头只是"妄想"的表述，与达摩称法行中以性净之理行六度的理念相合，这种着重不取相、自利利他的修行实践观点，虽然不重视戒律的仪式，但仍然是属于菩萨戒的范畴。

禅宗在道信、弘忍之后，东山法门大盛于时，僧众日多，开始实行劳作自给的丛林生活，管理教团僧众即有了菩萨戒的开设。据《楞伽师资记》记载，四祖道信即写有一本《菩萨戒法》，此书现已不传。印顺法师《中国禅宗史》归纳了道信禅法的三个特点，其中之一就是戒禅合一。他认为道信《菩萨戒法》虽未传下来，但其门风有戒有禅，弘忍门下禅与菩萨戒相合，正是秉承道信门风，道信的这一禅风，也使得大乘教法更容易弘通于世。弘忍更将头陀苦行改造成自食其力，"役力以申供养，法侣资其足焉，"把行、住、坐、卧四仪都作为修行的道场，身、口、意"三业"都当作佛事，这种把利己与利他、自觉与觉他、世法与出世法融通起来的大乘禅法，使得传统的修行方式发生了革命性的变革。考察东山法门的流布，都有传戒或礼忏的方式，并非单单只有禅坐而已。印顺法师认为，弘忍以后，禅宗对戒仪有所更改，方等忏法取代了受菩萨戒，说："各宗开法的戒禅并举，当然是上承道信的法门。净众与宣什的开法，都采取当时的传戒仪式，但以方等忏法，代替了受菩萨戒。方等忏法的内容，包含了礼佛、归依、发愿、忏悔等部分；宣什宗还保留了受戒的传香，但到底多少变了。"这一说法颇有见地，但从弘忍门下高足北宗神秀所倡导的菩萨戒来看，还是有受戒仪式的。

神秀继承东山法门戒禅合一的宗风，对戒律十分重视。从张说《大通禅师碑铭》的记载来看，神秀本人除了菩萨戒仪之外，还精通《四分律》。北宗禅法在弘扬的过程中，也的确与戒律的关系颇为密切，如李邕《嵩岳寺碑》载有"后有无量寿殿者，诸师礼忏诵念之场"。可见神秀弟子普寂住持嵩山，寺中就设有礼忏念诵的道场。据李邕《大照禅师塔铭》记载，普寂还曾教诲门人说道："尸波罗密是汝之师，奢摩他门是汝依处。当真说实行，自证潜通。"这里，"尸波罗密"即指戒律的行持，"奢摩他门"则强调禅定的修行。王维的母亲曾向普寂学佛三十多年，据说其修行时"褐衣素食，持戒安禅，乐住山林，志求寂静"。可见也是讲求持戒的，此事见载于王维《请施庄为寺表》中。士大夫常东为普寂弟子思恒作墓志铭，即以"律师"来称之，而思恒据载也曾受命为菩萨戒师。从以上种种记载来看，神秀北宗一系在宣扬教法时，似乎有"持戒安禅"的倾向。

事实也的确如此，神秀提倡戒禅合一，他的菩萨戒即"持心戒"，是与观心看净的禅修实践结合在一起的。在《大乘五方便》中，将观心看净的禅修最高境界总结为"离色离心"和"身心不动"，认为如果达到这样的境界就能得到最高的智慧，获得觉悟解脱。所谓"离色离心"，在神秀看来，就是通过坐禅封闭自己的感官和意识，脱离物质、精神两方面对一切事物和现象的追求、执着，断除心灵深处各种关于是非、美丑、爱憎、取舍等观念。那么何谓身心不动呢？坐禅入定是"不动"；眼、耳、鼻、舌、身、意等身体的感官和意识虽然接触了六尘，即外界色、声、香、味、触、法之六境，若能不发生感觉，不进行思维，即是"不起"，不作分别判断就是"离念"，这也就是身心"不动"。为了达到这一境界，《大乘无生方便门》中记载了一系列受戒仪式引导修行者进入坐禅，其顺序为修行禅僧下跪合掌发四弘誓愿、请十方三世诸佛菩萨、受三归依、问答五项能与不能、忏悔身口意业十恶罪、结跏趺坐（禅坐净心）。这也就是神秀菩萨戒的戒仪。

至于怎样才是持受菩萨戒，《大乘无生方便门》中主持坐禅的和尚解释说："汝等忏悔竟，三业清净如净琉璃，内外明彻，堪受净戒。菩萨戒，是持心戒，以佛性为戒性。心瞥起，即违佛性，是破菩萨戒；护持心不起，即顺佛性，是持菩萨戒。"在引导禅僧举行三自皈依、受三聚净戒、忏悔等仪式之后，坐禅者被声称他们已经"三业清净"，可以受"净戒"了。这里的净戒即"菩萨戒"，也就是大乘戒，文中将此戒定位为"佛性戒""以佛性为戒性"。所谓"戒性"，即指戒律的本体依据，实际特指受戒人通过受戒仪式在心中形成的对戒法的忆念、信心和持戒的意志，与道宣所说的"戒体"差别不大。主持坐禅的和尚告诉众禅僧，他们所要持受的菩萨戒是以佛性为戒体的，持戒以持守心念为要旨，如果"心瞥起"，即在修行中不能控制自己的心识活动，就违背了空寂的佛性，也就是破了菩萨戒；相反，如果做到"心不起"，即控制自己的心识活动，不思维，也就是"持菩萨戒"。有学者指出：神秀以佛性为戒体，将戒律由外向的戒仪转向内心的防护，以内心清净不起染净二缘为有无犯戒的标准。这种强调贪、嗔、痴的起心动念作为菩萨戒持犯与否的标准，是禅门对戒律新的诠释。

《大乘无生方便门》里受戒、忏悔仪式之后，便是结跏趺坐，并在念佛后以净心观看虚空无边际。由此来看，神秀观心看净的禅法，首先要举行发心、发四弘誓愿、礼佛、表示三皈依和摄受三聚净戒、忏悔等一系列戒仪，然后才由主持者引导众僧坐禅。坐禅入定，主要是观空看净，通过观想世间"虚空无一物"，体认一切皆为"虚妄"；观想真如佛性本体为空，体认自性清净无染。神秀认为，在持续不间断的坐禅观空看净的过程中，只有自"净心地"，使心识做到"湛然不动"，才能制三毒、净六根，达到与真如佛性相契的解脱境界，才可最终"一念净心，顿超佛地"。这样一来，坐禅观心看净的禅修实践便与持受戒律结合在一起了。坐禅之前须忏悔身口意业等十种罪行,可见持戒清净是修习禅观的基础;禅观证悟心性清净无碍,则是使戒行得以圆满的互摄。由此来看,神秀的菩萨戒直指"心戒",从某种意义上来说,"戒"在神秀北宗一系的禅法中既是修行的基础也是禅修的结果。

神秀的菩萨戒以心戒总摄一切戒,首重发菩提心,主张"所修戒行不离于心,若自心清净则一切众生悉皆清净"。其戒法将一切戒行收归自心,以心为首要,由于证得自性清净则所有戒相均可一切现成,因此神秀的戒仪中并没有烦琐枝节地罗列三聚净戒、十重戒、十善戒,也没有所谓的四十八轻戒。神秀虽然不重视戒条细则,但十分重视"四弘誓愿",这可从其菩萨戒仪一开始便是发四弘誓愿可见一斑。这与禅宗对于菩萨戒独重发心、发悲愿的菩提心是一致的。有学者研究指出,神秀的心戒,"以佛性为戒性"的思想,受到《梵网经》的影响,这在天台、华严二宗皆然,但是不重视戒仪教条的细则,应是禅宗所特有的。

神秀宗门开设的戒仪中,也有念佛、拜佛礼忏等内容。其拜佛礼忏的戒仪,在敦煌文献《秀禅师劝善文》《秀禅师七礼》中也可以窥见其样貌。禅门中实施礼忏、忏摩等,就忏悔主体而言,有个人修行时的忏悔,也有众生共修时的忏悔;从忏悔对象来看,有在佛菩萨面前忏悔的,也有在德行兼备的和尚面前忏悔的,也有另一种悟了罪业本无的无生忏。神秀《秀禅师劝善文》认为,人因六贼干扰,使烦恼生起永无停息,八识所形成的种种波浪无边无际,若不能以智慧超拔,则应"向寺求师忏悔",这是向老师求忏。神秀《秀禅师七礼》则是大众共修时所用的忏悔仪式,从所剩的五礼来看,忏悔仪式以拜佛为主,每一礼都从礼拜"释迦牟尼佛"开始,下接十句七言偈,最后发愿与诸众生"往生无胜国"。

自四祖道信开启"戒禅合一"的宗风以来,东山法门下南北两宗亦各有菩萨戒仪,神秀北宗开设"菩萨戒",惠能南宗则讲"无相戒"。据《坛经》记载："惠能大师于大梵寺讲堂中升高座，说摩诃般若波罗密法，授无相戒。"无相戒，就是无相之戒，所谓"无相者，于相而离相"。无相戒，也就是教人们要离相，而不要执着于具体戒相。惠能打破戒的传统意义，将一切修行统以"无相"冠之，如"无相戒""无相忏悔""无相三归依戒"等，其"无相戒"之戒仪的顺序依次是：见自三身佛、发四弘大愿、无相忏悔三世罪障（又称自性忏）、受无相三归依戒、说摩诃般若波罗密法。他的"无相戒"不拘于外在律行，但求自心清净，把佛教的戒律完全归结为修行者个体的清净心性。他所提倡的受戒等戒仪，实际上只是"自净其意""自性自净"的内省和扩展，与一般正宗戒律内容具有的强制性约束意义不同。惠能认为，自在法性，世人皆有，故应于自性中见三身佛，《坛经》中"善知识，总须自体，与授无相戒。一时逐惠能口道，令善知识见自三身佛，于自色身归依清净法身佛，于自色身归依千百亿化身佛，于自色身归依当圆满报身佛"等句，就十分透彻地阐述了惠能的这一思想。惠能以"一切万法尽在自身"为宗旨，认为持戒与否，只在自性的迷悟染净，并没有外在的善恶分别，只要自心清净，即是清净戒法，所谓"戒本原自性清净"。这一点，可以从他对皈依的解释——"自归依者，除不善心及不善行，是名归依"中看出端倪。对善恶的起源，惠能认为与客观环境无关，而只在一念之间，正如他所说："思量一切恶行即行于恶，思量一切善事便修于善。如是一切法，尽在自性。"所谓"一念恶，报却千年善亡；一念善，报却千年恶灭。"惠能并将禅转化为却恶向善、除邪行正的法门，以使自心灭罪、忏悔。其《无相颂》中说："愚人修福不修道，谓言修福便是道，布施供养福无边，心中三恶元来造。若将修福欲灭罪，后世得福罪元在。若解向心除罪缘，各自性中真忏悔，若悟大乘真忏悔，除邪行正即无罪。"《坛经》中也讲："思量恶法化为地狱，思量

141

善法化为天堂；毒害化为畜生，慈悲化为菩萨"，"慈悲即是观音，喜舍名为势至，能净是释迦，平直是弥勒"。

在礼请诸佛、皈依、忏悔等戒仪方面，惠能不断地提示"无相""自性"，他的"无相戒"虽然还保留了拜佛、忏悔、发愿、皈依等戒的形式，但全都归结为自性，归结于"戒本原自性清净"；虽保留了说戒、说定、说慧的形式，却声称"得悟自性，亦不立戒定慧……自性无非、无痴、无乱、念念般若观照，常离法相，有何可立"；虽声称戒禅合一，但将"戒体"统一于"修体"，并定"修体"为"无相"，这就使戒律有名无实，没有区别于禅的具体内容了。原因在于戒律作为一种外在的行为规范，在衣食住行等各种宗教和非宗教生活之中起着规范、制约的作用，具有特殊的仪轨相状，惠能将戒律仪轨皆定为"不着诸相"，这就使得戒律失去了产生应有的规范、制约的功能所依附的仪表相状，也因此，传统的戒律完全失去了原本的意义。惠能的三传弟子惟宽与著名诗人白居易曾有一段对话，白居易问："既曰禅师，何以说法?"惟宽答道："无上菩提者，被于身为律，说于口为法，行于心为禅。应用者三，其致一也。譬如江湖淮汉，在处立名，名虽不一，水性无二。律即是法，法不离禅，云何于中妄起分别?"惠能对戒禅合一的态度和不重律仪的主张从中可见一斑。有学者指出，惠能的无相戒可谓禅门独创的弘戒法门，其戒法结合了《金刚经》的中道思想与《维摩诘经》的戒律观，认为外在的坐禅持戒、拘守律仪都是白费功夫，主张皈依自性三身佛、自性自度，可谓"念念不被愚迷染"的自性忏。

综上来看，神秀的菩萨戒以佛性为戒体，又称持心戒，其思想渊源于《梵网经》的思想，这和惠能无相戒的思想来源是一致的，两者虽然都是以自性清净为戒的心地法门，但在内容上差别很大。有学者研究指出，神秀的"佛性"之义尚无不取不舍的般若空慧，而有对治的功夫相。其以持戒而行禅，以戒止三毒之恶，以为有罪可灭，可以认为是虽持戒却没有超越戒相，有执着于戒相的倾向，从某种程度上说，神秀的戒不是从自心等流而出的。而惠能的"心""自性"则以无相、无住、无念为特征，深合似有体而非体、似有相而不执于一切相的空义。神秀的持心戒有事戒的特征，惠能的无相戒则属于理戒的范畴。对两者之不同，学者们的主要观点有二：其一，神秀的菩萨戒以"守心看净""住心观净"为特征，虽有内在化和实践观心的倾向，但还没有到惠能自性戒的高度；其二，神秀的菩萨戒需要执行一系列外在的仪式规范，而惠能则反对拘守律仪的形式主义，主张自性自度，强调本性清净而无须外铄。

其实，神秀的菩萨戒与惠能之无相戒虽然差别很大，但考察神秀的禅法，虽然表征上有次第阶段的渐悟特点，但并不代表神秀的菩萨戒是以次第为究竟的。他曾说："一切众生皆是佛，好恶长短不须论。只为众生不识体，假立经像遗思官。未识法时经上觅，未识佛时像上觅。识佛识法成真行，泥堪经卷不相干。除色除声不肯学，逐名逐相结为辅。若作此心求藉灭，与诸圣教不相应。"就明确表示众生在未见自性前，才须依附经教文字、庄严佛像等声色现象，但若能识得本有佛性，那么一切众生都是佛，心里面没有好恶、长短、名利的影像，也没有求"藉灭"的念头。神秀对佛性的定义，也不是落于善恶两边的，而有着超越层次的说明，在他看来，佛性不是渐渐明了的，既是超越义，则必是顿觉，所谓"一念而顿授佛身"，是不须用任何有相的方法来寻觅的。他的菩萨戒可深可浅，根浅者可用来对治，然而究极圆满的"心"是不落有无、善恶等相的。他认为，如果修持五戒者执着"善恶"，就容易生起嗔心怒气；如果将一切佛事视作"有为"，执着一切佛事来求福报与佛果，那么佛事是佛事，并不能达到修行的功德，领悟佛说之法都是方便法的实相无相。所谓戒律仪式、方法是对机使用的，初修行的人才须使用事相忏悔，顺应众生的根器，给予得度的方便，才是神秀戒法的根本用意。神秀虽说"戒香，所谓诸恶能断，能修诸善"，但不断地强调修禅最后无执的境界，认为"愚痴众生不会如来方便之说，专行虚妄，执着有为，遂然世间苏油之灯以照空室，乃称依教，岂不谬乎?"《楞伽师资记》中记载神秀的语录，如："此心有心否? 心是何心?""见色有色否? 色是何色?""汝闻打钟声，打时有? 未打时有? 声是何声?""打钟声只在寺内有，十方世界亦有钟声不?""未见时见，见时见更见? 又见鸟飞过，问云：'是何物?'"都在提醒修禅者不能只停留在渐修之"有"的形式上，起念即是一种执着，不是禅的自在无碍；只有以无我无相来作为参禅持戒习定的指导，断除意识分别，心不起思维，才是真正意义的禅。

可以说，神秀的佛性戒（持心戒）虽有拜佛、念佛、受戒的仪式，但在这些仪式中透显出勿执着的宗义，其菩萨戒受戒仪式虽以"有"来展现，但其菩萨精神却以"无作无相"来作为最后的标的。神秀的菩萨戒法可深可浅，可方便可圆顿，开顿渐之法门，或施设戒律，都是为了众生的根器不同而给予得度的方便。神秀的菩萨戒以大乘佛法的自利利他精神为宗旨，不以自己的解脱为要，虽度众生而不执着，其思想与菩提达摩"虽行六度而无所行"的宗风可谓一脉相承。

四、藉教悟宗方便通经——五方便

神秀北宗禅法的另一个重要特点是"藉教悟宗、方便通经"，这一点，在其禅法著述《大乘无生方便门》中有代表性的体现。

禅宗四祖道信、五祖弘忍师徒两代，开创了著名的"东山法门"，以"一行三昧"的念佛净心、守心静坐的禅法为特色，并将楞伽系思想与般若空观结合起来，提出了"安心"的主张，以方便法门教导修禅者。据净觉《楞伽师资记》记载，四祖道信将他的禅法思想归结为"入道安心要方便"，其禅法的核心为"五方便"，即为："一者，知心体，体性清净，体与佛同。二者，知心用，用生法宝，起作恒寂，万惑皆如。三者，常觉不停，觉心在前，觉法无相。四者，常观身空寂，内外通同，入身于法界之中，未曾有碍。五者，守一不移，动静常住，能令学者明见佛性，早入定门。"这一思想除继承菩提达摩以来楞伽禅法的心性论特色外，另一方面也将心性思想更多地与般若空观相结合，发展为随缘任用、任心自运的方便般若。道信的方便禅法经由弘忍宣扬，到神秀时更得以大力发展，到南北分宗以后，"方便"更成为神秀北宗一系禅法的标识，《大乘无生方便门》或《大乘五方便》（简称《五方便》）即被认为是神秀的著作。殆至中唐，华严宗五祖宗密撰《圆觉经大疏钞》，也将神秀北宗一系的禅法特点归结为"拂尘看净，方便通经"。

神秀的《五方便》与道信以来所谈的五方便门相比，方便的内容已经不同，而是与经教相联系了。其《五方便》主要依据五种经论，即《大乘起信论》《法华经》《维摩经》《思益梵天所问经》《华严经》的思想，分作五门，论述北宗对觉悟解脱的看法和禅法主张。这种把《五方便》同经教相联系，并融会贯通起来的论禅方法，换言之，即以经教为依据而展开禅法，就是宗密所谓的"方便通经"。由对经教的理解，并将禅法根据自己的体会自由地解释，与一般拘泥于文字的解释完全不同，这是神秀北宗禅法的一个特点。这种论禅方法，与菩提达摩在《二入四行论》中所说的"藉教悟宗"一脉相承。菩提达摩的《二入四行论》说：入道的途径有两种：一是理入，二是行入；"理入者，谓'藉教悟宗'，深信含生凡圣，同一真性，但为客尘妄覆，不能显了"。所谓的"藉教悟宗"指的也就是借由经教来领悟宗旨。作为达摩禅法的继承者，神秀北宗禅即承袭了"藉教悟宗"的方法，并呈现于北宗文献《五方便》中。

《五方便》的第一门是"总彰佛体"，亦称"离念门"，主要依据《大乘起信论》，用"离心离色""无念"的思想定义解释什么是佛，什么是真如，什么是觉之三义，什么是法界，染法界，净法界，什么是如来身，什么是解脱等问题，引导修禅者超脱包括来自物质世界（色）、精神世界（心）和个人身心的一切执着束缚，体认到心、色俱空，舍弃所有的世俗情欲等观念，取消一切好恶、取舍的意念，从而达到与空寂无为的真如佛性相契合的境界，最终得以觉悟解脱。例如对"佛"的定义，《五方便》依《起信论》说："佛心清净，离有离无，身心不起，常守真心。"意思就是佛心本性清净，离有无两边，身心不起妄念，常在与真如相应的状态。而所谓的"真如"，《五方便》解释说："心不起，心真如；色不起，色真如。心真如，故心解脱；色真如，故色解脱。心色俱离，即无一物，是大菩提树。"大意是心不起妄念，心就与真如本性相应；色，指色身、眼、耳、鼻、舌、身、口、意等六根，不随妄念起动，色身就与真如本性相应；心与真如本性相应，心就得以解脱，色身与真如本性相应，色身就不受束缚；体认到心色俱空，远离一切世俗的束缚，不受任何现象的影响和干扰，就是证悟解脱的境界。《起信论》中有"所言觉义者，心体离念"的说法，《五方便》借用这一说法来诠释佛义。"佛"的意思是"觉"，"觉"是"心体离念"，离念是离却妄念，只有心离妄念，契悟真心，即名佛。佛又有三个含义，一是觉悟，二是使他人觉悟，三是功德圆满，即"自觉、觉他、觉满"。此文则用"离心""离念"作解释，说"离心自觉，不缘五根。离色觉他，不缘五尘。心色俱离，觉行圆满，即是如来平等法身""离心心如，离色色如，心色俱如，即是如来平等法身"。离心、离色、心色俱离，即先前所说的"心色俱离，即无一物，是大菩提树"，由此说，佛亦名觉。总之，这一门主要依《起信论》说心体离念，它所要求的是通过"看净"的坐禅方便而离念了心，反归本觉。

第二门是"开智慧门"，亦称不动门，主要依据《法华经》，也引用《维摩经》《金刚经》《遗教经》《华严经》等经典，主要是用"身心不动"和"从定发慧"等的思想论释开发智慧，解释《法华经》中"开、示、悟、入佛之知见"的问题。此门延续第一门，将"离念"以"不动"的角度来诠解，从另一个角度对前一部分的思想进行了发挥。神秀说："离念是不动。""知见是用，智慧是体。菩提是用，涅槃是体。""此不动是从定发慧方便，是开慧门。闻是慧。此方便非但能发慧，亦能正定，是开智门。即得智，是名开智慧门。若不得此方便，正定即落邪定，贪着禅味，堕二乘涅槃。"他认为"不动"，是从定到开发智慧的方便，不只能开发智慧，也能引发正定；若无"不动"的方便，将落入邪定，堕到二乘人的境界。"已得此方便，正定即得圆寂，是大涅槃。智用是知，慧用是见，是名开佛知见。知见即是菩提。""不动为开，闻是示，领解是悟，无间修行是入，开示属佛，悟入属修道人。"认为通过坐禅入定，使"六根不动"，使自己的感觉意识脱离对外境的接触，即"身心不动"，就可达到身心"离念"。说这样在遭遇任何顺逆、苦乐的条件时都不会产生是非、爱憎、取舍的感情和意向。"不动"由身心两方面来说，"心不动是定，是智，是理"，属于"体"；"耳根不动，是色，是事，是慧"，属于"用"；而身心皆不动，就是开智慧门。开智慧门从心体本具智慧出发，以智慧为体，以知见为用，要求通过身心不动的禅定而证得佛之知见。印顺法师评价说："在五门中，'离念门'以外，'不动门'还有方便导引的意义。'离念门'的离念心体，是得体；'不动门'的知见常明，才是得用。到此，体用具足，后三门只是悟证的深入而已。"这一说法可谓对此门思想的极好总结。

第三门为"显不思议解脱门"，依据《维摩经》，说无思无想为解脱，它要求六根不起，身心离念，不思不议，诸法如如，现一切法正性，主张对一切事物包括修行本身，不应当加以推测和带有任何目的性，不要有意地追求什么和舍弃什么，亦即是"无念"。什么是不思议？文中解释说："心不思，口不议。心不思心如，心离系缚，心得解脱。口不议色如，色离系缚，色得解脱。心色俱离系缚，是名不可思议解脱。"神秀认为用头脑思考、用嘴巴议论的所谓"思议"，是起心造作，是系缚。不思不议，就要求不起心造作，在某种意义上等同于"离念"，也同于"不动"，而"瞥起心是缚，不起心是解"，只有不受外境的影响，使身心与真如本体达到相契合的境界，不起心造作，才是离系缚，而得解脱。

第四门是"明诸法正性门"，主要依据《思益梵天所问经》，说心不起、离自性为正性。要求修禅者由明诸法正性而心识不起，心识不起而得智慧之用，即证成佛道。文中引证《思益梵天所问经》的"诸法离自性，离欲际，是名正性"，认为修行者摆脱主观意识和情欲就可达到解脱，得到"诸法正性"。什么是诸法正性？文中解释说："诸法离自性，离欲际，是诸法正性。心起见闻觉知，五阴各有自性，是自性。识缘眼见，是欲际。鼻香、舌味、身触是欲际。心不起，常无相清净，是诸法正性。"大意即舍离眼、耳、鼻、舌、身五阴的自性，是离自性，舍离五阴与五尘相触，是离欲际；离自性，离欲际，心不起妄念，不受诸般外界现象的染着，就是诸法正性。又说："心不思，心如；口不议，身如；身心如如，即是不思议如如解脱，解脱即是诸法正性。"又引《达摩和上解》："心不起，是离自性。识不生，是离欲际。心识俱不起，是诸法正性。如水大流尽，波浪即不起。如是意识灭，种种识不生。"以"心识不起"进一步对"诸法正性"加以解释。此门对心识妄念不起的解脱法门反复强调，可以说是对前三门的深入引申。

第五门是"了无异自然无碍解脱"，亦称"了无异门"，主要依据《华严经》，说见诸法无异，自然无碍解脱。此门论证了世界万物相融无间的道理，认为"六根"即人的感觉思维等功能与"六境"或"六尘"即外界的一切现象相即不二，清净与污染也相融无异，同时宣称根尘不二，认为从六根可入"正受"即禅定，于六境中也可起"三昧"，亦即禅定。此门还宣说："一切法无异，成佛不成佛无异……永无染着，是无碍解脱道。""无相法中，无异无分别。心无分别故，一切法无异。长短无异，自他无异，凡圣、生死、涅槃、解缚、亲疏、苦乐、违顺、三世、愚智并皆无异。了无异，自然无碍解脱道。"即认为：在无相法中，没有相的差异，也没有分别。因为心不分别，一切法就没有不同。了知无异，是自然无碍解脱道。学者温金玉对此门的思想作了很好的总结，说："此门以'法界缘起'的圆融无碍思想，将种种禅修方便与所证之境皆融摄于'自心'之中，心无分别起见，法法相即相入，从而自然得无碍解脱。"

综观《五方便》的五种方便法门，始终贯彻着离色离心和身心不动的思想。什么是离色离心？就是通过禅定使自己的感官和意识与外界隔绝，脱离对物质、精神方面一切事物和现象的追求、执着，断除心灵深处关于凡圣、生死、解缚、是非、美丑、爱憎、取舍等种种观念。什么是身心不动？按照《五方便》的解释，坐禅入定是"不动"；人的六根或六识即眼、耳、鼻、舌、身、口、意等感官和意识虽接触外界的六尘，但不产生感觉，不进行思维是"不起"，不作分别判断是"离念"，心不起、离念即是身心"不动"，达到这样的境界就能得到最高智慧，就可以达到证悟解脱。《五方便》中，第一门讲"离心"，第二门说"心不动"，第三门讲"心不思"，第四门说

149

"心不起"，第五门则讲"心无分别"，每一门的论述都紧扣着"心"的主题，与《观心论》所宣称的"心为万法之根本"有异曲同工之妙，可见《五方便》的理论基础仍是《观心论》，可以说是从《观心论》的基础上展开而来的。

神秀北宗禅法体系的一大特点，是以"体用"范畴来组织其禅法。这一点，神秀本人曾有所总结，他曾把自己的禅法归结为"体用"二字，见载于净觉的《楞伽师资记》，说："我之道法，总会归体用两字，亦曰重玄门，亦曰转法轮，亦曰道果。"这里的"体"，就是"知心体，体性清净，体与佛同"，一心本觉，亦即诸佛法身；"用"，就是"知心用"，用生法宝，起作恒寂，是众生能够接受佛教、自觉修习的内在依据。换言之，体用就是一心的本体和作用两方面。神秀《观心论》运用《大乘起信论》"一心二门"的思想，主张拂尘看净、观心看净，便是神秀体用思想的反映。其禅法主张通过"观心"这一要门，扫除一切烦恼障碍，回归心体的清净本性，这里本原的清净即是体，而把尘垢拭去即是用，由用而体，由拂拭尘垢而归于原初清净之性，便是体用关系。

神秀的"五方便门"，作为"观心"禅法的展开，其理论依据仍是一心二门的体用说，这一点，在《五方便》的第二门"开智慧门"中有集中的体现。以神秀为代表的北宗禅法在论述观心看净中所谓开智慧的问题时，认为观心看净这种方便法门容易出现贪着禅味，即所谓邪定的偏差。换言之，修禅者在观心看净时，虽然能够悟得心性本体清净无染，但如果不能回真向俗，不能使清净的心体通过净化五根而如实地反映面对外物，并利乐众生，则仍然是有体无用。为此，神秀北宗禅法特别强调观心看净的目的要有体有用、体用分明，即"离念名体，见闻觉知是用。寂而常用，用而常寂。即用即寂，离相名寂。寂照照寂，寂照者因性起相，照寂者摄相归性。舒则弥沦法界，卷则总在于毛端，吐纳分明，神用自在"，并主张通过开佛知见，解决观心看净方便法门中容易出现沉湎于禅味之寂静的偏差，认为"心不动是智，用是知。色不动是慧，用是见。俱不动是开佛知见，得大涅槃"。按照神秀在《五方便》中的解释，心性本体有觉智，心性本体之用则可名为"知"；而眼、耳等五根有如实而闻见之慧体，其慧体之用则可名为"见"；修行者若只有心性本体的觉智与五根之慧体，而没有心性之"知"与五根之"见"，就不能最终得到觉悟解脱。因此，修禅者应当由心体之"知"激发五根之慧，由五根之慧而生五根之见，通过开佛知见，实践有体有用，而有体有用，用平等一如之心如实面对一切法，才能最终正确地认识佛法，达到"空不异色、色不异空"、众生即佛、佛即众生的认识境地，从而达到利乐众生、救度众生的目的。

印度佛教东传中国，在佛教中国化的过程中，如果说译经是中国人吸收印度佛教最基本的开端，经疏则是中国人理解、消化、阐发印度佛典思想的见证。《五方便》中，用"离心离念"来解释佛乃至三身佛，用"心色不动"解释智慧和"开佛知见"，以及说"智慧是大乘经"，《法华经》《华严经》《金刚经》等都是"智慧经"等。这些解释，并不完全符合经典的原义，只是发挥了佛经词义的一部分。这种诠释方式摒弃了一般的文字知见，主要依据的是神秀北宗关于禅法的见解，目的是强调看净观空、身心离念禅法对觉悟解脱的决定意义。消化、吸收佛教经典的思想，并为了适应不同场合的需要对佛经原义作"方便"灵活的解释，根据自己的理解进行重新阐发，提出新的主张，正是神秀北宗一系禅法"方便通经"的特点。作为佛教中国化的一个缩影，梳理《五方便》中以神秀为代表的北宗禅僧对一些佛教名相的注释疏解，不仅反映了神秀对一些佛教经典研究的深度，是我们研究神秀北宗禅法的重要依据，而且也是研究佛教中国化课题的一个重要线索。

附 录

年 谱

605 年（隋大业元年） 出生于陈留尉氏（今河南开封地区）。

618 年（义宁二年） 至荥阳义仓请粮，出家为僧。

618~625 年（义宁二年~唐武德八年） 游方求学，足迹遍及今浙江、江西、福建、广东等地。

625 年（武德八年） 在洛阳天宫寺受具足戒，正式成为比丘。

655 年（永徽六年） 五十岁知天命之年，到蕲州黄梅双峰山东山寺参拜弘忍为师。

661 年（龙朔元年） 拜别师父，离开黄梅。

661~676 年（龙朔元年~仪凤元年） 潜为白衣，隐遁修行，或在荆州天居寺。

676~678 年（仪凤中） 取得僧录名籍，弘忍入灭后，住当阳玉泉寺。

689 年（永昌元年） 弘忍另一弟子法如去世后，在玉泉寺开讲禅法。

700 年（周久视元年） 武则天派使者奉迎神秀入洛阳。

701 年（大足元年） 奉召入宫，受到武则天崇高礼敬；往来东西两京，教授禅法。

705 年（唐神龙元年） 因年高请归，不果，敕于故乡置报恩寺。

706 年（神龙二年） 于洛阳天宫寺示寂，敕谥"大通禅师"，丧礼极其隆重。

参考书目

〔唐〕神秀述：《大乘无生方便门》，《大正藏》册 85。

〔唐〕神秀述：《观心论》，《大正藏》册85。

〔唐〕道宣：《续高僧传》，《大正藏》册50。

〔唐〕净觉：《楞伽师资记》，《大正藏》册85。

〔唐〕杜朏：《传法宝纪》，《大正藏》册85。

〔唐〕慧琳：《一切经音义》，《大正藏》册54。

〔唐〕《历代法宝记》，《大正藏》册51。

〔宋〕赞宁：《宋高僧传》，《大正藏》册50。

〔宋〕道原：《景德传灯录》，《大正藏》册51。

〔日〕宇井伯寿：《禅宗史研究》，岩波书店，1939年。

〔日〕山崎宏：《隋唐佛教史の研究》，法藏馆，1967年。

〔日〕铃木大拙：《铃木大拙全集》，岩波书店，1968~1971年。

〔日〕柳田圣山：《初期の禅史Ⅱ：历代法宝记》，筑摩书房，1976年。

〔日〕柳田圣山：《初期の禅史Ⅰ：楞伽师资记·传法宝纪》，筑摩书房，1985年。

吕澂：《中国佛学源流略讲》，中华书局，1979年。

汤用彤：《隋唐佛教史稿》，中华书局，1979年。

〔日〕筱原寿雄、田中良昭：《敦煌仏典·禅》，东京大东出版社，1980年。

任继愈：《汉唐佛教思想论集》，人民出版社，1981年。

〔日〕田中良昭：《敦煌禅宗文献の研究》，大东出版社，1983年。

印顺：《中国禅宗史》，台北正闻出版社，1983年。

〔日〕柳田圣山著，毛丹青译：《禅与中国》，生活·读书·新知三联书店，1988年。

〔日〕上山大峻：《敦煌佛教の研究》，法藏馆，1990年。

胡适著，〔日〕柳田圣山编：《胡适禅学案》，台北正中书局，1990年。

〔清〕董诰等编：《全唐文/附唐文拾遗唐文续拾读全唐文札记》，上海古籍出版社，1990年。

〔日〕柳田圣山著，吴汝钧译：《中国禅思想史》，台北商务印书馆，1992年。

杨曾文校：《敦煌新本·六祖坛经》，上海古籍出版社，1993年。

胡适著，潘平等编：《胡适说禅》，东方出版社，1993年。

杜继文、魏道儒：《中国禅宗通史》，江苏古籍出版社，1993年。

［日］忽滑谷快天著，朱谦之译：《中国禅学思想史》，上海古籍出版社，1994年。

葛兆光：《中国禅思想史》，北京大学出版社，1995年。

吴立民主编：《禅宗宗派源流》，中国社会科学出版社，1998年。

杨曾文：《唐五代禅宗史》，中国社会科学出版社，1999年。

［日］柳田圣山：《初期禅宗史书の研究》，法藏馆，2000年。

吴言生：《禅宗思想渊源》，中华书局，2001年。

方广锠主编：《藏外佛教文献》（总第10、11、12编），中国人民大学出版社，2008年。

CBETA中华电子佛典协会主办：《电子佛典集成》（《大正新修大藏经》第1册至第55册及第85册、《卍新纂续藏经》第1册至第88册），2008年。

袁德领：《法如神秀与北宗禅的肇始》，《敦煌研究》第67期。

温玉成：《禅宗北宗初探》，《世界宗教研究》1983年第2期。

温玉成：《禅宗北宗续探》，《世界宗教研究》1985年第2期。

温金玉：《神秀禅系及其渐修法门》，《慈光禅学学报》1999年创刊号。

余威德：《唐代北宗禅发展研究——以玉泉神秀为中心》，台湾慈济大学宗教与文化研究所2004年硕士论文。